三民叢刊 256

食字癖者的札記

袁瓊瓊 著

三民書局印行

序

袁瓊瓊

母親一直到現在還提起這件事：如何我在非常小的時候，她要我去倒垃圾，結果我一去不回。母親正準備去找，隔壁鄰居來敲門，說：「你們家瓊瓊在垃圾堆裡看起書來了，叫她走都不走，一堆蚊子圍著呢。」母親出去找我，看到我正撿著垃圾堆裡的一張舊報紙讀得津津有味。

這件事對照我如今在寫作上的小有名氣，似乎也是一種小時了了的徵兆。我自己是完全沒有這段記憶。忍不住要想，在那漫長的童年時代，也許這件事只發生過一次吧，其間不過十來分鐘吧，占我整個人生那麼小的部分，但是，由於我在寫作，而且，一直在閱讀，這件事也就成為了我一生的某個印記或圖騰了。神話大約都是這麼來的。幸而我成為寫作者，如果我是個政客，這個在垃圾堆裡流連的行為就很難解釋了。

我之所以酷嗜閱讀，實在是因為小時候家裡非常窮的緣故。因為窮，所以「娛樂」都得是免費的。拜那個年代對於「看書」這件事的尊敬，整個世界對閱讀都抱著寬容態度。我記得我小時候常常跑到鄰居熊媽媽家裡看過期的《皇冠》雜誌，一待整個下午，從來沒有人趕我走。到書店裡看書，站一整天，也絕不會有店員到你身邊來巡梭徘徊。

幾乎到處都有書看，圖書館、學校、公共場所的公布欄。現在不這樣做了，但是我們從前，許多地方的公布欄都會貼當天的報紙。我最初投稿，沒錢訂報，於是每天跑公布欄，去看自己的文章登出來沒有。頭一次在火車站的公布欄上，看到自己的文章刊登在副刊裡，再旁顧周圍的閱報者，明明白白的看見別人在閱讀自己，那是美妙的經驗。自己真像個隱身的俠士，懷抱絕世武功，可以取人性命於無形無影之間。那閱讀著我的人，把他的生命片段與我交換，我餽贈我自己渺小的人生經歷，取走了他那幾分鐘的注意力。

於我，閱讀是窺伺。透過閱讀，我窺伺了偉大與不偉大的心靈，窺伺了智慧和白痴的腦袋，窺伺了正常與變態，窺伺了古今中外或燦爛或平凡的各種人生。同樣是體驗世界，讀萬卷書和行萬里路，還難分優劣，但是我寧取前者，閱讀不會腰酸背痛，閱讀不會身陷險境，頂多是把眼睛看壞而已。

我自己對於目盲一直有一種絕大的恐慌，從小如此。不能想像自己如果失去了閱讀的能力。近年來讀了些神秘學的書籍，講到前世與輪迴，於是便猜想，盲這件事，如果不是我的宿世記憶，也許是預示我之未來。近年來視力差了，閱讀產生了新經驗，看書報時會有個暖身過程，那些字一片模糊，要瞪著老半天，瞪到眼花了，「字」們才開始跑動起來，像小螞蟻似的，在紙面上遊走，半天歸了正位，開始有筆有劃的讓我閱讀。

我並不討厭這狀態，至少視力正常時，我是沒法知道字是會跑來跑去的。這樣想來，最壞的狀況也不過就是「字」們排隊的時間要花的更久一點。許多可怕的事，臨到頭來，才發現也沒有那麼可怕。而且我還可以看電子書，在電腦上，亮堂堂的，字體要多大就多大，我想，靠著電腦，我還可以看很久的書，看很多的書。

食字癖者的札記

袁瓊瓊

2001

1999

我對臺灣的書評一直有個疑惑，為什麼書評家老是推薦我們一定要看的書，而且照他們的說法，這些書每一本都開卷有益。跑去買來看了，感想卻往往完全相反。蘇偉貞那時在編「讀書人」，我跟她說要是我寫書評，絕對反其道而行，要專門介紹那些壞到不行的書，嬉笑怒罵一番。她聽了就說：「來寫吧！」

這是我開始寫「不道德書評」的由來。每週一篇，極盡刻薄之能事，評的全是國內名家。真不知道那時怎麼會那麼不懂事，到處替自己找敵人。我當時在文壇沒什麼朋友，現在也沒有，我想我是把那些可能成為朋友的人都得罪光了。

總之這就是我開始寫書評的由來。蘇偉貞那句「來寫吧！」造成了我之後數年主要的創作類型。我不寫小說也不寫散文了，只寫書評，因為書評是這麼簡單，不用憑空創造，只要把我看完書的想法說出來就成。就是這麼這麼這麼容易。

知識或能力都救不了她

——記《BJ的單身日記》

暱稱BJ的布莉琪．瓊斯是個「標準女人」，所有中外女性的問題和反應都在她身上出現。

她長年減肥，計算卡洛里，多半的時候小心翼翼，但偶爾也會猛爆式的狂吃一通。她一邊抽煙酗酒，一邊盤算要戒煙戒酒。跟父母關係不好，但還不到不能忍受的地步；跟兄長的關係不好，幸好一年只見一次面。跟朋友的相處是互相依存又互相埋怨，視她當時的情緒而定。辦公室是介於工作與婚姻的緩衝地帶，所以布莉琪對於她事業的努力面大半放在服裝，身材，以及不時用電子郵件和主管調情上。

她想結婚，又受不了那些結了婚的人。她想戀愛，但是不能接受男人「只想戀愛」。她周圍的婚姻全有問題，包括她自己父母的；不是男人偷情，就是女人偷情。唯一相守不渝的一對模範夫妻，是因為除了他們自己，沒有人能忍受他們。她周圍的單身朋友，感情也全有問題。不是被人拋棄，就是拋棄別人。愛人的不被愛，不愛的又莫名其妙有了親密關係。也有人決心不涉愛情，作個大女人沙文主義者，並且竭力鼓吹別的女人跟她一樣大女人沙文。無論本性如何，似乎每個人都在感情漩渦中變形，成為自己其實不想成為的人。

ＢＪ看《反挫》，看《內在革命》，知道所有女性自覺的理論和事例，但是另外她也看《愛的太切》，《男人來自金星，女人來自火星》（臺灣出版時譯名為《男女大不同》）；她一面對男人的「承諾恐懼症」和「情感性無能」琅琅上口，另外又因為自己拒絕男人的求歡而惴惴不安，甚至懊悔，懷疑自己的吸引力。她高談「女力」，時事，儼然新女性，但是另外又相信星座，風水，耽迷化妝品和名牌衣裝。只要碰到了男人不在乎她，工作出了狀況，父母婚姻出問題，情人節收不到卡片，她全都歸咎於自己太老，太胖，腿毛未剃，擦錯香水，穿錯服裝，因此而失去吸引力。

因此她那位老來入花叢的母親，便成為了全書唯一的女英雄。在她是母親的時候，布莉琪看不起她，嫌她瑣碎、嘮叨、自以為是。等到她背叛丈夫，到處勾搭男人，而且完全得逞，布莉琪對母親開始尊敬起來，書中不只一處，布莉琪在感嘆自己何時才能具有母親的魅力。而她的出軌，又成為事業的發端，作者安排她成了電視節目主持人。她不但讓三個男人為她神魂顛倒，爭風吃醋，不慎牽涉上犯罪事件時，居然又依靠自己的「美色」全身而退。

布莉琪在出版業和電視界工作，應當是被作者定位成高級知識份子。她出入各種高級場合，開名車，穿華服，公餘之暇和男友旅行渡假，但是知識或能力都救不了她，她仍在等待白馬王子。當一個男人願意承諾，並且無論她拒不拒絕都始終如一時，她便得到了幸福。這也就是本書的結局。布莉琪找到了願意愛她願意付出的男人。

常有人詬病為婦女編輯的讀物多半太軟性，充斥著化妝，食譜，服裝，飾品，室內佈置，減肥，塑身，如何了解男人，如何取悅男性等等。《BJ的單身日記》在歐美狂賣，應當是引起了多數女性的共鳴。我絕對相信這本書的讀者一定女多於男。我自己在閱讀過程中，也不時對作者產生知己之感。表面上，布莉琪是完完全全的「時代女性」，但是骨子裡，她跟幾百年前沒有經過女性主義洗禮的舊女性並無不同。「現代」了這麼久，女性要的想的仍然只是一個真正（依她的標準）的好男人，也許我們可以下個結論：柔軟，香氣，感性，使自己美麗的願望，要愛人以及被愛，其實是女人的天性。

至少是大多數的女人。

置病人死生於度外

——記《白色巨塔》

聽說侯文詠為了寫書，辭掉了他在臺大醫院的工作。如果《白色巨塔》裡寫到的某些數據多少接近真實的話，那侯文詠可真是做了不小的犧牲。

這所謂的數據，其實就是金錢報酬。在《白色巨塔》裡，金錢成為很奇怪的東西，似乎失去實用價值，而只是地位和權力的表徵。在書裡，許多形式的金錢是要身居某種地位，或掌握某種權力才能夠得到的。而往往能夠拿到那些錢的人，其實並不是真的缺錢，然而非常計較著多少，計較著有或沒有，乃是因為那是地位的數據，彷彿目前的民調是權力的數據。

這所以在書裡，金錢的流通，也就成為權力的轉移。在邱慶成當上代理外科主任時，作者描寫他的地位變化，最觸目的一筆便是開刀病人家屬送來的紅包，而邱慶成跟著就盤算了一下原來的外科主任的收入：「外科的手術日分別是週一、三、五，幾乎每個手術日唐國泰都排了三、四臺以上的手術，如果每臺手術可以有六萬六千元的收入……」，沒有比這描寫更能讓人具體的感到這職位的重要性。在麻醉醫師賴成旭被邱慶成逮住把柄，他攜妻前來賠罪時，也同樣帶了塞滿鈔票的禮盒。而邱慶成拒絕他的方式是「毫不客氣的把禮盒丟到地上，散落出成捆的千元鈔票」。

關欣升了麻醉主任，來往的廠商立刻送回扣來。因為病人猝死而造成醫療糾紛，病人家屬抬棺抗議，要的是錢，院方和解的方式也是付錢。而死者母親用拒絕賠償來表現她的母愛，關欣用拒收回扣呈現她的醫德。大體來說，一個人得到的錢越多，他腐化得就越快。凡是正面形象的人，大半是不要錢的，以及沒有什麼錢的，十分的嫉錢如仇。

在王浩威的導讀中，特地聲明這本書「絕不是一本揭發隱私的真相小說，沒有所謂的對號入座」，但是弔詭的是，這本書的魅力正在於它的逼近真實。如非相信這本書多少具有真實性，作者的描寫便失去意義。類如手術中，主刀醫師當場中風，或主任醫師向開刀中的醫師扔鞋子；為了搶重要病患，「置病人生死於度外」；病人死在手術臺上後，醫師連忙修改醫療數據，院方則商議尋覓替死鬼……等等。而唐國泰其人，尤其是呼之欲出，這也是本書寫得最好的角色。

侯文詠過去的形象和作品，給人的感覺是溫柔敦厚的陽光青年，本書寫得如此慘烈，讓人覺得他在用他內在的黑洞寫作。這本侯文詠的作品，先不談好壞，至少證明了他的另一種可能。

罪人始終未被定罪

——記《一個人的聖經》

同樣是人類歷史上的悲劇，然而，文化大革命不能等同於希特勒對猶太人的滅種屠殺，或者日本人對中國人的南京大屠殺，很重要的一個理由恐怕是：這是一場敵我混淆的戰爭。

在滅種屠殺中，德國人是兇手，猶太人是被害者；在南京大屠殺中，日本皇軍是兇手，而中國軍民是被害者；是與非涇渭分明的時候，要譴責要悲痛都是容易的。而文化大革命不然，這場戰爭是自己人對付自己人，被害人往往也是迫害者，而兇手換了場合、時間，也一樣受迫害。沒有絕對的無辜者，也沒有絕對的罪人。譴責別人的話語，都可以轉回來譴責自己；而揭發他人，也同時等於揭發自己。這使得人們對待文革不能理直氣壯，只敢有冤屈而不敢有怨恨，只敢舔舐傷痕，而不敢報復審判。

相對於猶太人的積極，中國人面對文化大革命的態度其實是蠻奇怪的。那挑起一切，又製造一切事端的始作俑者，到現在仍然被膜拜尊崇。幾乎人人同意：是他一手導演出這場中國人的災難，然而直到目前，仍沒有真正強而有力、嚴肅和有效的譴責出現。罪人始終未被定罪，他的罪行也就因此難以確立。在毛去世數十餘年後的現在，文化大革命變得有點像是天災，或不可抗的什麼，理當逆來順受。所有歷劫餘生的人，似乎已不再追究責任誰屬。好像也忘記了：這悲劇原可避免，而不去正視的態度，很可能會造成日後的歷史重演。

至少我在高行健的《一個人的聖經》裡看到的就是這樣。

故事描寫一個在文化大革命時期被打壓的黑份子，現在成了國際知名的劇作家。他在國外和不同種族的女性上床，而除了一個曾經歷過大屠殺的猶太女人，似乎沒有人可以了解他。在他與外國女人上床的篇章之間，穿插他在文革時期和各式各樣的中國女性上床的回憶。給我一個奇妙的感覺，似乎在文化大革命的捲天浪潮中，只有性是自由的。當然，這可能是因為：這時期的「性」，其實根本不「性」。

在《一個人的聖經》裡，所有的性沒有一件和愛有關。雖則做得熱火朝天的時候，男女主角也都例行的有些愛你愛我的話語出現，可是很明顯，所有的性都有其目的；有時候是商品，有時候是交換，有時候是控制，有時候是安慰，有時候是得回尊嚴，也有時候只是證明自己並非異類。我一向以為「性是生之慾」，而在《一個人的聖經》中，男主角近乎無慾，往往要不同的女主角自動上門投懷送抱，如果時機不對，男主角還索性就給他坐懷不亂。比之王小波的《黃金時代》中性愛的家常感覺，同樣是文革時期，《黃金時代》裡的人，雖則粗俗直接，卻真情流露，使人覺得性就是愛。

然而我倒也不是在非議男主角，他之種種，令我悲哀。他似是喪失了在性中愉悅的能力，倒是很像現代詩的句子：「只是不停的在床與床之間流浪」，而對於自己所求或所缺，好像也全無自覺。

在第五十三節，作者描寫男主角想像自己與死後的毛對話。他告訴毛說：「您可以隨意扼殺人，但不可以要一個人非說您的話不可——一個人哪怕再脆弱，可人的尊嚴不可以抹殺。」高行健對「尊嚴」的解說有點含糊，但是，若把「依本性而活」視同人的天生人權的話，文革的最大傷害便是剝奪了中國人的這份人權。在文革中的求生之道是掩飾、偽裝、躲藏、謊言。它讓人戴著面具生活，扭曲本性來適應周圍的世界，久而久之，偽裝就成了本性，而那掩藏在內心深處的本我，永遠不見天日。習慣了面具的男主角，身上早已結了厚厚的鐵殼子，他把面具脫了又脫，結果是還在面具裡。

彷彿傾聽和敘述都是愛情

——記《不朽的傳說》

我相信許多人和我一樣，對艾莎珂．丹妮森的認識是從電影『遠離非洲』開始的。『遠離非洲』由勞伯瑞福和梅莉史翠普主演。梅莉史翠普演的就是艾莎珂．丹妮森，而勞伯瑞福演她的情人丹尼。戲裡梅莉替勞伯洗頭髮的一幕，蠱惑力驚人。那可能是第一部以洗髮來表現男性美和男女情慾的影片。後來坊間出版了艾莎珂．丹妮森的原作，就立刻買來看。原著和電影當然不同，也幸而不同；在影片中的所見，在書中被放大被補充，而透過丹妮森幽默和穎慧的筆觸，帶給觀看者的愉悅更多。

從照片上看，梅莉史翠普和艾莎珂．丹妮森確實形似，但是不知是否編劇的問題，梅莉史翠普這樣優秀的演員，並沒有演出丹妮森那種慧黠和深沉出來。從書裡看，艾莎珂．丹妮森是極有趣的女人，我並且猜想她一定有模仿和表演的天分，否則不可能把故事說得那麼好。在『遠離非洲』影片中，丹尼被描寫成為了聽她的故事，才一次又一次回到她身邊的情人。影片中的這個概念很是特別，是非常「丹妮森」的，彷彿傾聽和敘說故事，就是愛情。

她大部分的作品都是一個又一個的故事。有古典的，也有現代的。但是丹妮森不是有自覺有企圖的作家，她用傳統的方式寫作，用傳統的方式面對她的讀者。她和讀者間的關係與她和丹尼的關係一樣，她並不要帶領我們，也不想改變我們，她在做的是把一個個故事的內裡：或高貴，或神祕，或陰慘不解，或悲哀，或美麗，用她獨有的方式娓娓訴說，而因著她特殊的魅力，使我們甘願的一次又一次，回到她的身邊傾聽。

她用故事吸引人，也用故事表現她自己。從故事裡看丹妮森，她是極質樸，同時又極華麗。她既浪漫又平實，既深刻又單純。這些特質沒法舉例說明，只能看她的作品。

本書中收了六篇丹妮森的故事，比較知名的是第一篇〈芭比的盛宴〉，同樣是經由電影打響的知名度。故事是說：巴黎名廚芭比荷葉，為了逃離法國大革命的屠殺，避禍到丹麥的一處小漁村裡。十二年裡，她一直是一對清教徒姊妹的廚子兼傭僕，只烹煮最簡單和粗糙的食物，完全用不上她的才能。有一天，她中了一萬法郎的彩券。而芭比決定把這一萬法郎用在請客上。她邀請了十二位客人，遠赴巴黎去購買最高級的食材，施展生平絕學，做了一頓盛宴。飯吃完了，錢也沒了。

這個故事，你說它是指美食的淨化能力也好，是指芭比不甘被埋沒終老也好，總之得佩服丹妮森對於那場盛宴的描寫能力，在故事裡，食物和美酒確確實實成了救贖。芭比的手藝是為貴族們養成的，只有那些挑剔的舌頭懂得她的好處。但是芭比協助革命黨殺了他們，她毀滅了自己的鑑賞者，在逃離巴黎時，其實已註定一生寂寞。她說：「對藝術家最難堪的事是：未盡全力仍然受到鼓舞和稱讚。」在失去她的貴族知音後，事實上芭比就只能難堪以終了。

〈戒指〉一篇，雖短小，卻令人愕然，也該算是成長小說。年輕的新娘麗莎以辦家家酒的心態看待自己的婚姻，她以為自己愛丈夫，愛家庭，但是在把結婚戒指送給偷羊賊的時候，她猛然憬悟到自己沒有把這樁婚姻當一回事。了解的當時，她就失去了在婚姻中玩耍的能力。

〈潛水人〉很像奧斯卡．王爾德的童話，講一個人想飛，被阻礙之後，他變成一個能和魚類通話的潛水人。那一段「魚類不會墮落」的演說，最是嘆為觀止。魚類相信他們才是上帝的選民：因為「在所有的生物中，魚類乃是依真主形象，最仔細、最精密造出來的。」

〈暴風雨〉則是藉了莎翁『暴風雨』劇，來呈現演員往往讓戲劇與現實混淆的心態。女主角茱莉透過飾演的角色接觸人生：劇中人的不幸可以是假的，不會損傷到她，但是，相反的，劇中人的尊貴身份又是她自己的，因為她就是劇中人。在按照劇本演出時，她的人生雖虛假卻輝煌美麗。等到她體認到現實不是戲劇，戲劇也不是現實的時候，她就像嘗了智慧果的亞當夏娃，隨即失去了樂園。

〈伊倫嘉〉篇幅雖長，老實說，是有些累贅的。它有個很搧惑的主題，講的是引誘。這樣引人的主題，作者又不時的做著宣告，結果是雷聲大雨點小，醞釀了一頓，最後一頁草草結束。這是我覺得比較失望的一篇。故事講述登徒子卡梭特決定要用一種新手法去引誘女主角伊倫嘉——一位貞潔單純的處女，但是因緣際會之下，伊倫嘉做了反引誘，竟讓這名情場老手敗下陣來。

我最喜歡的是〈不朽的傳說〉，講的是守財奴克雷先生在垂老之際，決定創造一個傳說。他不明白的是：當傳說成了事實的時候，當事人是不願意讓它流傳的。只有謊言，或夢想，才能成為傳說，因為沒有任何人真正經歷過。

丹妮森擅長描寫人心的曖昧幽深之處，令人看了不免悵然，也禁不住反思。這使得她所說的故事，超出情節之外，化通俗為深沉，化虛假為神奇；逼近了真實的人性，與真實的人生。

從衣食住行來理解人生

——記《心靈旅站》

美國女人蘇絲參與和平服務團的工作，在一九九三年，來到非洲小國喀麥隆教英文，在西非的豔陽下一口氣待了兩年。這期間經歷了喀麥隆的政變，政府軍與人民對抗，而民間唯一的革命行動是全面罷工罷課。

在作者蘇珊娜·賀雷拉的筆下，這段在歷史上可能重要的事件，比不上她在村落間與喀麥隆人民互動的經歷。不僅在書中占的篇幅極少，而似乎也未曾造成任何真正的影響。喀麥隆百姓在當權與在野的政客們的操弄下，不了解身上的風暴，只是逆來順受著。在所謂的自由民主的浪潮衝擊下，喀麥隆百姓仍與千年來的祖先們一樣，依著同樣的傳統和習俗過日子。

我好奇這段經歷若是由男性書寫，重點會放在哪裡？蘇珊娜的書裡，我們看到的是西非人的生活，他們的吃、喝、居住環境，男人與女人、孩童。女人天生是從衣食住行來理解人生的。

作者用了許多筆墨來描寫非洲人的形貌和生活態度，述寫她對這些喀麥隆人的欣賞和喜愛。她甚至與一個老是哼著美國流行歌曲的非洲醫生戀愛了。但是，許多方面她仍不脫文明人的觀點：好似文化落後，就代表了某種程度的單純或愚昧，因此喀麥隆人沒有明顯的個性，善意或惡意都極簡單，在一個文明白人能應付的範圍內。他們的革命是對美國文化的模仿，而人生目標是過與美國人一樣的文明日子——那是他們在電視上的『朝代』和『朱門恩怨』等影集裡看到的。蘇絲與醫生的戀情其實象徵了她對喀麥隆這兩年歲月的真正態度。那是歷險與假期，是另一種類型的馬拉松，是對自己生命的試煉。如此而已，她對非洲的愛不足以讓他介入自己的生命裡。

但是，無論如何，蘇珊娜為我們介紹了非洲的優雅與美麗。讓我們看到了這塊土地不再是蠻荒大地，是文明人如果稍做忍耐，依然可以存活的所在。對文明人而言，太多的原始是很恐怖的。我們可以去非洲，也可以離開非洲。這也是旅行的好處，使我們得到經驗，而不是經驗得到我們。

隨時想逃又隨時想留下

——記《春膳》與《完全壯陽食譜》

做菜和做愛的類同之處是：都是「手工業」。

不論是做菜還是做愛，都不可能不用到手與唇。而且，對女人而言，在手與唇的階段也是最足以回味的階段，整個事件的精華都在這裡。

觸摸，品嚐，試探，以自己的手指和心意使對象產生變化……整個過程的不可預料，微妙的驚喜，在可控制與不可控制間；與對象的小小爭鬥：你明知它（他）必須臣服，必將臣服，但是在最後的結局沒有顯現之前，那一切就還在未來，一個顯然美好的未來。而在等待著未來之前，一邊拒絕一邊接受，一邊攻擊一邊防備，隨時想逃，又隨時想留下。在經營這綿密細膩的戰場時，所有的色香味被放大，與我們自己的汗珠體味結合，精靈般逼入肌膚，逼入心房……至於菜上了桌，和，引用焦桐的句子：「一柄燒紅的鍋鏟插入／奶油般的傳說」之後，便只餘殘局。說實話，那時候大事底定，再沒有什麼可以使力了。這是所有的廚師都討厭洗碗，所有的男人都討厭結婚的原因。

一九九九年，時報出版社在同一天出了伊莎貝拉・阿言德的《春膳》和焦桐的《完全壯陽食譜》。這兩本書不僅主題相似，編排方式也類同：都是以精美的插畫來為文字提味，使書籍容易入口，顯然有心造成兩本書彼此挑逗呼應。一般的食譜或許可以把所有的讀者還原成不計性別的人，但是催情與壯陽食譜書就的確需要兩性參與。把這兩本食與色之書並列觀看是很有趣的事，因為：《春膳》是女人的書，而《完全壯陽食譜》是男人的書。

並不是因為兩名作者分屬兩性才造成這兩本書的陰陽之別，而是，奇妙的，論及性的時候，無論男女，立刻便會回歸自己本屬的性別。因為性這件事是以器官來思考的，你的器官左右你的性愉悅和你看待性的態度。

在伊莎貝拉・阿言德的《春膳》中，性與食物的關係是融洽的，並且互為表裡。食物帶來的是感覺，是氣味，相同的食物會因為與不同對象的結合而轉成不同的滋味。在《春膳》中，食物不是在爐火上或鍋子裡混合要滑入食道的東西，食物是它的發音，形狀，色調；是懷著春情去採買時，路上的陽光、溫度，售賣小販的臉；是情人將食物送入口中時他喉結的形狀，汁液浸潤他下巴上的鬍渣時的潮濕，是自己去為他清拭嘴角時手指尖的觸感；它聯接著繾綣之前某人口唇產生的味覺差異，也聯結著繾綣之後床單上與枕被間氤氳著的神祕氣味……在伊莎貝拉，所有的食物裡都有個某人存在，或傷感，或欣喜，或刻骨銘心，或完全不值得。食物是愛也是恨，也是悲憫，也是救贖。

焦桐的《完全壯陽食譜》相較之下就單純的多了，而這也是男性的單純。不像女人，男人看待性，牽涉構造的緣故，敏感處只有一點，需要滿足的好像也就只有一點，一切的所思所視都以直線連接到那一點上。焦桐以詩的書寫方式處理他的食譜。純以詩論，許多首渾然天成，意在言外。但是以情色標準看，就單調的可以，證明詩人雖然在寫壯陽食譜，心根本就不在性愛上。

「壯陽」使他想到的是政治，是軍事，是歷史重量。全都是實際到極點的東西，完全與浪漫無法有任何聯想。也許，對男人而言，愛或者性根本就不是浪漫的東西。在男人的性或愛裡如果有一丁點浪漫，那也是出於實際的考量，因為女人需要，而他們需要女人。

不像伊莎貝拉・阿言德食譜的實際，焦桐的食譜其實是有些天馬行空的，象徵性超過實用性。例如「紅杏出牆」一菜，材料中有「新出土恐龍蛋一粒」，而「偷香竊玉」，卻需要「嚴重發情的公鵝一隻」。他的寫法似戲似謔，往往從食材便開始作文章。以「心靈改革」一菜為例，起首便開宗明義要「母螃蟹」，之後：「仔細為她洗澡，餵她白葡萄酒，為她鬆綁，含笑看她兩眼迷濛，陶然大醉。」等送進蒸籠後，讓螃蟹「仰臥」，之後調理檸檬汁與蜂蜜，以「有效誘引新鮮的肉體」。等「她」上了桌，詩人說：「一切改革都要從根救起，因為／美味如情慾，發生／在兩眼之間，／不在兩腿之間。」

因為男人對性其實感覺貧乏，所以性對他們便成為數目，成為姿勢，器官與肢體，成為力量的表徵。《完全壯陽食譜》呈現的是男人的視角。食物是女性肉體的代替，而食物誘引味覺的方式也往往和食材所形成的姿勢有關，或者與進食方式有關。食用西谷米甜點是：「在你身上呼吸，我渴望／再進入你體內工作，哭泣。」而烹煮火鍋，使作者想像：「讓我進入你的鍋裡」。全都是官能性畫面。

有女權主義者抗議男人喜歡物化女性，但是對男人而言，所有具備功能性的人，不分男女老少，其實都是「物」。這種「非人化」觀點，有另一個通俗形容叫做「對事不對人」。而對女人的讚美或諂媚便是：我們是唯一他願意花較多功夫去應付的「物」，如果不小心給了婚約承諾，往往還要應付一生。而如同伊莎貝拉所言：如果缺乏那個男人，《春膳》是沒有意義的。既然男人是春膳的必備材料，哪我們不妨把他們對我們的物化當做讚美，欣然接受。然後在他們全無戒心的時候，吃了他。

不可能獨力成為女人

——記《爽》

《爽》這本書我是一口氣看完的。通常那種很快就看完的書，也容易很快就讓人忘了，但是這本《爽》，我之後還想了許多天。裡頭的片片段段一直在腦海裡縈迴不去。我不太知道這本書是不是對別人也有這種效果，也許沒有，因為就算我這麼受到震動，我也還是認為，這不能算是一本寫得非常好的書。

阿城近年來喜歡走「筆記」書寫的調子。這本《爽》，掛名雖是李爽、阿城合著，猜想主筆的還是阿城。筆記書寫的好處是輕鬆簡潔，但是相對就是缺乏重量，「留白」太多。

《爽》寫了李爽一家三代。歷經了李爽父母的結合，上及祖父母和外祖父母的婚姻，發跡，恩怨。之後是李爽由小到大，橫跨六十年代到八十年代，中國大陸從改革到開放的整個過程。阿城寫來頗有北平人閒磕牙的調調，雲淡風清的，再是血淋淋，好像也還不是大事。但是也正因為這樣素靜的書寫，很有點紀錄片的風格。看本書，很像是李爽在面前東一搭西一搭的說著，而因為她隨性說著，所以要緊不要緊的事都進來了，而缺少的部分，也是當事人自己覺得不關緊要，所以忘了講，或者是她其實不想講的地方。

阿城完全不想照顧讀者。我們真好奇的事，他不想提就不提。另外倒又塞了一堆知道不會怎麼，不知道也不會怎麼的事。比如說，對李爽而言，星星畫會是她生命裡很重要的一段，但是全書裡著墨真的不多，尤其是，同為畫會一員的阿城根本就不見了。李爽這個人是怎麼無師自通學起畫來的？受過哪些影響？都沒有，看起來她和嚴力這一幫子全都天縱英才，要作曲就作曲，要寫詩就寫詩，要畫畫就畫畫，看了些文學書或者念得出幾些大畫家名字不過是用來顯身家方便交男朋友的。之後，白天祥到底是愛李爽愛到怎麼回事？使得他竟然發動救援，使得他和李爽的感情成了國際大事。都沒寫清楚。

但是，站在李爽的角度，這本書卻也使我驚嘆。既然列名為共同創作者，她顯然接受了書中對自己的描寫。能夠如此自信和直率，真是了不起。

以最通俗的觀點來看，《爽》的女主角徹頭徹尾是個我們所謂的壞女孩。從青春期開始，她就沒完沒了的到處跟人上床，無謂到連自己也記不清。她隨處勾搭男人，只要看順眼了就自動送上門去。她使用「性」去利用人，給自己找方便。才二十來歲，她對男人的適應與了解已經超過這個地球上三分之二的女性。

總而言之，這位女主角絕對上不了模範女性的殿堂。當然，我們這世界上，打拼到夠資格寫傳記的女性，哪一個不是千瘡百孔的？但是，就算最是口無遮攔的，或自詡前衛的，也從未勇敢到坦露最真實的自己。總是多少要加以美化，對背德的部分，如非洋洋得意，便是當作自己在罪過滌清之前的污泥，專為凸顯目前的美德；而《爽》完全不如此，李爽作法乾脆了當，她的性經驗每一件都糟到了極點，既不值得誇耀，也沒讓她成長。但是她依舊近乎本能的做著，她對自己這狀態不批判也不懺悔。

直到遇見了白天祥。阿城花兩頁的篇幅寫這一段：白天祥如何使李爽成為女人。是這一段，使我們得見阿城的功力，那的確是女人的心，女人的想法。

李爽是接觸了不少男人，但是，真正使她成為女人的只有一個。在女人的種種變化中，最最驚天動地的，其實不是成為母親，而只是成為女人，那會讓她純屬於女性的部分全部甦醒。我以為那就像日本卡通所說的「補完」計畫一樣，沒有經過這個蛻變，這個女人不完整。很可惜的，許多人終其一生得不著這種機會。這經驗如同天啟，而最具震撼力的一點是，這個蛻變需要男人為我們完成。你不可能獨力成為「女人」。我後來發現自己始終在想的便是這個部分。

偶像劇的真實世界

偶像劇在我家是這樣一種東西：我大呼小叫喊女兒去睡覺，而女兒拖拖拉拉，心不甘情不願，跟強人媽媽咕噥，埋怨她一定是垃圾堆撿來的，又呼天搶地喊叫親娘在哪裡；而老媽則神定氣閒，把她直直驅趕進房，然後冷血心硬的坐上她剛才坐著的位置，面對她剛才正看著的電視機，轉臺，看我要看的節目。

那造成我們家庭失和，使女兒不孝，母親不慈的元兇，沒錯，就是日本偶像劇。

偶像劇的真實世界是血淋淋的啊，不是你死，就是我活，完全沒有苟且的餘地。偶像劇是階級分明的，女兒看的和我要看的完全不同。偶像劇又是極個人的，看偶像劇的時候，我們是面對著自己的幻想與夢，那是親如情人都不能分享的。是的，看偶像劇是一種私活動，等同獨自入睡，獨自入夢，有任何干擾，那夢境便立時破滅。偶像劇讓我們構築自己的脆弱完美的小世界，在那裡，不可能的都是可能的，所有的謊話都是真理，所有的夢囈都是事實。偶像劇裡的人生我們不能參與，但是它既然在電視螢幕中存在，那麼一定也存在於真實世界裡的某處；於是，因為偶像劇，我們開始相信，總有一天，我們也會與夢相遇。

聽說偶像劇在日本並不叫偶像劇，另有一個名稱叫「趨勢劇」，意思是指它的取材往往與現實趨勢結合。趨勢劇到了臺灣，被改名叫偶像劇，讓我先入為主，以為那是年輕人看的戲，可能極無聊和淺薄，但是一次被女兒大力推薦看了『長假』之後，看法全部改觀。從此成為「惡母」，長年與女兒搶電視，使她悔不當初。

我看偶像劇的態度與我女兒的情形不同。對小女生來說，一幫子帥哥在螢幕上跑來跑去就已經讓她目不暇給，自然不會強求什麼劇情。我想這也就是『海灘男孩』在日本收視率那麼高的原因。我不是不喜歡帥哥，但是我跟女兒對帥哥的看法有代溝，我眼中的帥哥是我女兒眼中的爺爺，女兒眼中的帥哥我看來都像兒子。因為偶像劇到底還是對付年輕人的，裡面的「爺爺」不太多，我因此得以不受干擾，清心寡慾，就戲論戲的觀賞了許多偶像劇。

所有的偶像劇主題都一樣，就是愛情。不論背景是學校，是上班族，是豪門，是陋室，這一群人愛情都談不完。好像古今中外的戲劇都不免這一點，愛情就像海鮮裡的檸檬一樣，有提味之效。但是論對愛情的描寫，我以為沒有超越日本偶像劇的。美國戲劇裡的愛，因為非常快就進展到性，缺乏餘味，再加上對隱私的注重，凡是侵犯到個人生活的感情，往往處理成恐怖。但是一種「燃燒的愛」必定有越界，因為那是愛人者要取得自己與別人不同的證明，也是被愛者接受愛的表示。日本戲裡的愛是非常酷烈的，又帶點自虐，往往生死以之。我說實話，也不太相信那種感情在現今的日本有現實性，但不能不承認那令人動容。

看日本偶像劇有個缺點，戀愛過八百次的也還是會覺得自己好像不曾愛過。關於感情的迂迴、深沉，對人性的提升和破壞力，日本編劇的處理細膩，有轉折，富層次，令人嘆為觀止。尤其是對暗戀的描寫，可能是適合東方人的保守性格，總覺得西洋戲劇對這件事就是沒法寫到蕩氣迴腸的地步。看美國戲劇，我們喜歡演員，但是看日本偶像劇，我們會希望自己成為劇中人。

當然，偶像劇並不是部部都好，有許多我是完全看不下去，其中還不乏賣座轟動的劇碼。但是好的是真的好，而凡是好戲，多半有精彩的劇本。我自己也寫劇本，常常邊看著不勝欷歔，嗟嘆自己怎麼寫不出這麼好的戲來。如果有一天能寫出這樣的劇本，一部就好，那我就死也瞑目了。

在日本，趨勢劇其實是相當貼近現實生活的。更甚的，它有時候根本就是現實的一部分。在『長假』中，小南和瀨名同居的那棟「透天厝」是真實存在的，而樓頂陽臺上那面"DON'T WORRY, BE HAPPY!"的廣告看板聽說最近才拆掉。『戀愛世代』裡，著名的水晶蘋果，雖然所費不貲，但是在銀座就可以買到。原宿和新宿街頭其實就充斥著『神啊，請再給我一點時間』裡真生那樣的等待援助交際的女孩。而『東京愛情故事』中莉香和完治上班的大樓就矗立在東京某處。『失樂園』裡男女主角不倫的地點在電視播出之後成為觀光勝地，所有的偷情男女在去到那些所在，做著與劇中情節相同的情事時，與夢相遇，短暫的成為了浪漫劇的主角。

我們對生活要求的不也就是這一點點小小的浪漫嗎？而日本偶像劇在臺灣造成比本土劇更大的騷動，證明浪漫無國界，也證明我們的本土劇始終並沒有搔到觀眾的癢處。

曾經有位媒體前輩談電視，他說電視的基本特性是：它是一個偷窺他人生活的小窗口。電視和電影一樣都是影像，但是根本上其實是很不同的。使它們不同的是觀賞方式：看電影時，我們在封閉的空間中，要付代價，懷抱了期望，在觀賞中間專心一致，不會有任何干擾。電視正好相反，觀看電視的經驗摻雜許多雜訊，有些來自生活：我們邊看邊吃，順便抹桌子掃地，開門應付送瓦斯收水電費的，偶爾打罵孩子；也有些來自電視本身：我們不斷遙控轉臺看別的節目，節目中的廣告。電影是慶典，是節日，而電視是生活。

它在我們面前呈現的方式也不同。電影是大畫面，特寫時所有的角色變成神，比我們任何人大上三五倍。電視是小畫面，角色的形體通常比我們小，我們與電視的距離最多不會超過三公尺，看電視就像趴在窗口看對街發生的事。

所以，對電視而言，最能打動人心，讓人怎麼看也不厭倦的劇種，其實還是生活劇。這個小窗口呈現「對街」的生活，讓我們知道別人怎麼活，有時候也學習別人怎麼活。

在日本，這個「對街」雖然是捏造的，但是「建立在事實上的謊言，比事實會更像事實」，他們成功的構築出這個謊言，塑造了一個另外的世界，又反過來被真實世界所模仿，而臺灣的戲劇缺乏這種魅力。『將太的壽司』讓人愛上壽司，『夏子的酒』使人喜歡日本清酒。看了『長假』，讓人想做小南，希望在生活中能遇到一個瀨名，但是『太陽花』紅到那樣，沒有任何人希望模仿『太陽花』的生活，或者成為『太陽花』裡的人。

我們的生活劇都不太生活，不論貧富，劇中人的生活環境都差不多；不論事業大小，行業異同，所有的辦公室都差不多；不論北中南部，所有的街道都差不多；不論背景出身，性別或教育程度，所有角色的思想或行為也都差不多。貼近生活的反倒是警匪劇型。那些看上去相貌普通的演員，在我們熟悉的場景裡活動，犯著我們熟悉的罪行，苦惱著我們熟悉的苦惱……目前收視率最高的就是警匪劇，也許正反應了觀眾對電視真正的渴求：我們想觀看真實的生活。

在色彩線條和形狀的河流中浮沉

——記《丈夫不見了》

全書開始於「丈夫不見了」，結束在「丈夫回來了」。在這兩個「發生」之間的一切，便是本書的故事。

純粹就寫作而言，「有一天，丈夫不見了」這件事，至少可以有十來種寫法，每一種都可以毫不費力的收束到「有一天，丈夫回來了」這件事上。而馬麗・達里厄斯克選擇的是最容易的，也是最難的寫法。

容易是因為她沒有做任何設計。女主角的丈夫不見了之後，她先是等待，之後去朋友處尋覓，再去試探自己的婆婆是否知道（她不敢對她說實話），她把這事告訴自己的母親，去丈夫的辦公室搜索，在家翻看舊照片，到兩個人曾經去過的地方徘徊，回憶。這是幾乎任何在現實中或故事中「丈夫不見了」之後的對應公式。但是這單純平凡的過程，馬麗・達里厄斯克用了奇特的方式來呈現。她創造了如此高難度的寫法，完全超乎我們能做的任何想像。她放棄了敘述事件因果或人物的心理轉變，而去寫情緒波動的形狀和光影。

這句話看上去有點不通，但是你如果看完了《丈夫不見了》，你就會了解我的意思。馬麗・達里厄斯克呈現一個奇怪的世界，在這世界裡，所有的「不可見」（以肉眼的標準而言）現象，都有形狀、顏色、聲音、氣味，能夠行動、變化。而反倒是具體可見（以肉眼的標準而言）的東西，在她的描述裡空白和模糊。如果人物是小說的要素的話，馬麗・達里厄斯克給我們的是沒有上彩的人物：妻子、丈夫、婆婆、母親、死黨好友，這些人分別代表他們的名稱所賦予的含意，具有這些名稱該有的性格和外貌，而相互之間是典型的關係。她似乎對抽象事物的熱愛與敏銳，超過實相。

她使這本書看來不像文字，而像繪畫。書裡的故事和情節完全不重要，我們只看到女主角的思想、感情，在色彩、線條和形狀的河流中浮沉，在她的身體間進進出出。她一下子像鼓漲的麵粉袋，一下子又像盛滿水的桶子。當她被悲傷或焦慮所侵襲時，她被分解、刺戳、填塞和融化，或者是黏附、埋葬、焚燒和乾燥成粉。而這些心理和情緒的變形又及於外界的人與物，作者對這些變化的描繪，想像力豐沛繁複，令人目不暇給。

馬麗・達里厄斯克的上一本書是《小姐變成豬》，出版不久後，高達就買了拍攝權。高達說那本書是：「寫得夠好，也寫得夠不好，所以剛好適合拍電影。」高達對《小姐變成豬》的評語，某方面也正好適合本書。看這本書時，其實不是很確定我們應該在這本書裡看到些什麼，因為它是全新的種類，你無法預測跟隨。但是也正因為它過於炫目，過於有天分，讓人覺得有距離。這是一本令人驚嘆的書，但是無法讓人產生情感。我沒法喜歡它，也沒法討厭它。以同樣身為寫作者的立場，我以為我最不情願和讀者產生的，就是這樣的一種聯繫。

超級獨特的姿態

——記《五體不滿足》

由於不明原因，乙武洋匡出生時沒有手腳。「我以超級獨特的姿態誕生，令周遭的人大吃一驚。光是出生就能驚天動地，我看也只有桃太郎和我有這種本事吧。」這是乙武洋匡自傳《五體不滿足》的開場白。光看這段文字，也可以感覺到乙武洋匡是用什麼態度來看待他自己。

《五體不滿足》是一本「熱血」書籍。在閱讀當時，我多次感到內心湧起的激昂和澎湃之情。身為殘障者，乙武呈現的是一顆超越「健全」兩個字的明亮和爽朗的心地，那真是許多四體健全的正常人都未必擁有的。他將殘障這件事反轉來成為他個人生命裡的恩賜，成為他獨特的理由，成為他的優越和自傲。他的生命姿態不僅止於樂觀和進取，更顯現了自在和睿智。

他以一種幽默，帶點自大的筆調寫他自己，但是並不是不實際的。他完全不迴避自己的殘缺，對於別人看待自己的態度也全無浪漫遐想。能這樣實事求是，主要原因是他一直在與正常人接觸，並且自始至今對外界種種一直勇於參與。他不僅參加校際英文演講比賽，參加學生電影攝製，競選「學藝委員長」（並且當選），並且還參加運動會、百公尺賽跑、跳繩、馬拉松、游泳、打籃球、打棒球、爬山，甚至到國外自助旅行——任何一樣新玩意，乙武都抱持高度興趣，並且勇於嘗試。他並不是不知道自己身體的限制，但是總抱持著一種信念：「一定有一種像我這樣的身體也可以做到的方式。」這種信念使得他周圍的同伴為他制訂了「乙武規則」，設法使他也能參與團體活動。乙武從來不考慮周圍的人有可能不接納他，總是勇往直前的去接觸，其結果就是他也被人接納。

關於殘障者，我在多年前有個經驗。我曾經參加過一個殘障文藝營。有各式各樣的殘障者，其中一個男孩給我極深的印象，他下肢不能動，但是靠著一張四腳凳，他用一種把自己甩出去的方式移動，動作非常俐落迅速，而且似乎無往不利。我那時候領悟到所謂殘障是習慣的問題，如果一個人習於半身癱瘓，而又仍然能夠自由活動，那麼我們憑什麼去認為他是殘障。他所受的限制不在他自己的身體上，而在我們其他人的心中。

如果一個殘障者自覺不如人，那麼，同樣的，他所受的限制，也不在他的肢體上，而在他的心上。

乙武自己也說過：如果殘障者沒法交朋友，或無法有美好的感情經驗，「不要用殘障當藉口」，那完全是個性的問題。「你盡可以去告訴他：因為你的個性太討厭了。」而能對自己產生這種自信，很明顯，是透過人際間無數的互動而來。在參與接觸中，所謂的正常人可以了解殘障者，殘障者也可以了解正常人，而認識到彼此並不是洪水猛獸。

乙武對於殘障者有一種美化的說法，但是真的說得非常動人。他認為殘障的人會引發每個人心中協助弱者的善念：「互助合作的社會瓦解已久，能夠重建那種『血脈相通』社會的救世主，說不定就是殘障者。」

童話沒有告訴我們的事

——記《落葉歸根》

這個故事完全是童話故事「灰姑娘」的原型。

女主角才出生兩週，她的母親就因為產褥熱而去世。父親另娶了一個美得驚人的中法混血兒為妻，於是前房的孩子們有了一位又美又狠的後母。如同那個童話，後母生養了她自己的孩子，那是排行在四個前房孩子之後的一兒一女。

在這個既富且大的家庭裡，因為父親的視而不見，後娘得以建構了她自己的朝廷，並且在朝廷裡區分了階級。最上等的當然是國王和皇后，之下是皇后自己親生的子女。而前房留下的四個孩子，身在邊緣，地位比佣人還不如，居然也自動分出了階級。上階是三個大孩子，下階是灰姑娘，由於她讓母親因為生她而去世，剝奪了兄姐們在生母身邊成長的機會。

有一個神話是這樣說的，那些出生後就失去母親的孩子，其實是母親最鍾愛的，因為她選擇用自己的生命來代替孩子。但是這神話顯然不是中國人的。母親的死成為灰姑娘的原罪，所有人都有理由不喜歡她，這包括國王皇后，王子公主，自己的兄姐，甚至皇后身邊勢利眼的僕人。唯一使得灰姑娘不至於夭折在這些憎恨中的，是同為邊緣人的爺爺和姑姑的愛。

但是邊緣人的愛雖然溫暖，卻沒有扭轉環境的能力，灰姑娘的出路還是得靠自己，而她的武器是知識。女主角靠著讀書和深造，逃離了那不愉快的城堡。

童話故事與人生在此有了分水嶺。灰姑娘沒有遇到王子，並且也從未真正的從城堡的禁錮中逃離。甚至，不可思議的，她一直在設法要回到城堡裡去。

從嚴君玲的書裡看，她一生始終在努力的是回到家族中去，雖然那個家庭帶給她傷害、欺騙，痛苦和侮辱，但是她就是無法自己的要回去，要得回後母和父親，以及兄姊的認同，要歸屬於她血脈來源之處。似乎在出生之後，她的臍帶就從未剪過，無論她去了哪裡，總還是飄洋過海的將她扯回來，無論過了多少年，總還是越過了時光，招喚她回來。

這是童話沒有告訴我們的事。血緣即是咒語，呼喚著落葉必須歸根，因為歸根後才能安息。

附：訪談嚴君玲

嚴君玲在六十年代到了美國，之後待了三十年。她和許多在美華人一樣，畫了很深的上下雙眼線，使得她有一對幽深和神祕的眼睛。陳香梅曾在自傳裡說她之所以畫誇張的眼線，是因為要在西方社會中凸顯自己的東方特質。相對陳香梅艱苦的五十年代，九十年代華人的地位顯然有改善，這不僅從嚴君玲出書過程中所受到的禮遇可以知道，從她那西化的外表也可以看出來：她已經不需要強調她的東方特質。

見到嚴君玲的時候，我已經看完了《落葉歸根》這本書。不過我仍然試想以素樸的眼光來觀看她，不是看一本書的作者，不是看一個有過去的人，而只是彷彿注視生活裡擦身而過的「他人」。就算是這樣不帶感情的注視，仍然可以感受到嚴君玲的複雜性。她非常瘦小，是六十歲了依然保留著發育不良的外貌，她有一雙神經質的大眼，倔強的退避的嘴。說話時認真的看著人，回答直接，犀利，坦率。非常簡單，非常真誠。使我覺得，她從小至今的戰爭仍然在進行：她要做她自己。無論自知或不自知，當遇到限制或壓迫時，她從來沒有屈服或偽裝過，她只是直截了當的做自己。

問：妳寫這本書，妳家裡人的看法怎樣？

答：哦。他們不喜歡，很不高興，不過也沒說什麼。我書出來的時候，都給他們寄過，我三哥沒反應，完全沒反應。可是我知道我大哥看過，他跟我說：「那是妳的觀點。」（笑）那當然是我的觀點。我不可能有別人的觀點，我跟他說：你也可以寫一本你的觀點的書啊。

問：從書裡看，妳非常倔強。從小到大，碰到這麼多糟糕的事，都挺著應付過去，完全沒看到脆弱的時候。我想問妳，難道妳從來不哭嗎？是什麼時候妳第一次真正放鬆，讓自己大哭的？

答：就是寫這本書的時候。寫這本書我哭了很多，從來沒這麼哭過。我本來沒準備寫書的，我不是作家，我一直都是個醫生。八八年我父親去世之後，我很難過，就開始給我娘寫信。寫了兩年，她都沒回信，也沒反應，可是我還是一直寫，我也不知道怎麼的，就是一直寫。把我從小到大的事都寫出來。後來我先生說：「索性寫本書罷。」我這才開始整理。那些信寫了大概有五十多萬字，出書的時候好些地方刪了，變成現在這樣子。

問：妳娘是妳的後母，對妳一直都不好，為什麼還要給她寫信呢？而且明知道她不會理妳，從妳小的時候她就這樣啊。

答：是啊。我自己也想不通，反正我就是覺得一定要這麼做，不然人不舒服。那時候我整個人像生了病一樣，就是要給她寫信，我也顧不了她看不看，看了有什麼反應，我就是要寫。

問：寫這本書一定有治療的作用罷！

答：有，當然有。在國外有很多 book club，我這本書在 book club 裡非常受歡迎。因為他們看了可以討論，討論的時候，就會談到自己的家庭痛苦。許多婦女在家庭裡都是有苦說不出的，但是在討論我的書的時候，她們就可以說出來。我也常常鼓勵人不要把苦頭壓在心裡頭，要寫出來，只要能寫出來，就算是沒有人看，也會覺得心裡舒服許多。現在心因性病症這麼多，都是壓抑出來的。如果能把自己的痛苦寫出來，發洩出來，一定會痛快得多。當然有人會擔心寫出來被家人或熟人看到，那寫完之後你可以燒掉，一樣會舒服得多。只要寫出來就有幫助，這是我親身的經驗。

問：妳有沒有分析過妳對後母的感情？還有，為什麼她會是那種個性？

答：我不懂，我真的不懂。她死了以後我去跟她姐姐談過，我想知道她為什麼那樣對我，為什麼就是不喜歡我。可是姨媽不大願意談，所以我還是不知道。我對我娘是，不管她怎麼對我，我總是把她當我媽看。你知道我是一出生母親就死了的，又完全沒留下照片和任何遺物。所以我知道的唯一的一個母親就是我娘，我從小就一直希望她能接受我，能喜歡我。一直都是這麼想，從來沒變過。年紀大了以後也一樣。我有個讀者寫信給我，她說：妳這本書是一個沒人愛的小女孩的長聲尖叫。我覺得她說的非常對。

問：幸好有爺爺和姑爸爸，不然的話，妳不知道會變成怎麼樣呢？

答：有人研究過，小孩子在十歲以前如果過得很快樂，人格就會很健全。我七歲前幸好是跟著姑爸爸和我爺爺，那段日子支持了我一輩子。我非常愛他們。我後來念書唸到李爾王跟他女兒說的話，在教室裡就哭出來了，非常傷心。因為李爾王讓我想起我爺爺，他把什麼都給了他的孩子，結果下場那麼糟糕。（眼睛濕了）所以我總是覺得莎士比亞這本書是他最好的書，我不管別人怎麼看。姑爸爸也是的。這件事我書上沒寫出來。我是一九七九年回去的，在那之前，我常常寄錢給她，我希望她過舒服一點。本來我預備給她買棟房子，那時候上海房子很便宜，她不要。她就是要回老家去。所以我就幫她把老家房子拿了回來，她後來就死在那裡。有次我去看她，她把掛在脖子上的鑰匙拿下來，要我把她的保險箱打開，裡頭有個黑色皮袋。她說：「你打開來，這都是你的。」我一看，是我寄給她的所有的美金，一塊錢也不少。（停頓了許久）我到現在想起來還是很難過。我很幸運，在她沒死之前，我能有機會回到上海，陪她一起度過她最後的日子。我覺得我很幸運。況且，寫這本書的時候，她人還在，可以給我補充很多我根本就不知道的一些事情。她知道我要寫這本書，她也非常鼓勵。

問：如果生命能夠重來，妳這一生最希望改變的事是什麼？

答：（立即）我希望我的生母沒有死。我寧願我不寫這本書，沒有這些名聲，也沒有賺到這麼多的版稅啊什麼的。我希望我的生母沒有死。

問：對於自己，妳希望死了以後，人家記住些什麼？墓誌銘會怎樣寫？

答：（想了想，很慎重的開口）「嚴君玲在這裡。她是『落葉歸根』的作家，她是中國人，她敢於說出她家裡的事情。」

不只是牌戲

——記《命運交織的城堡》

塔羅牌是一種在歐美流傳了幾世紀的吉普賽算命牌。前一陣子在臺灣也曾經產生小流行。之所以沒有「坐大」，我以為是它太複雜的緣故。

它分成兩個部分，一個是「大阿爾克那」(Major Arcana)，包含二十二張牌，另一個是「小阿爾克那」(Minor Arcana)，包含五十六張牌。你可以單獨使用「大阿爾克那」的二十二張牌來做占卜，也可以使用全部大小阿爾克那合計七十八張牌來做占卜。

小阿爾克那有點類似撲克牌，同樣是四種花色，分別是「幣」、「劍」、「杯」和「棍」，數目由一到十。而花牌的部分，除了「國王」、「王后」、「侍衛」之外，多了個「騎士」。這樣看，小阿爾克那應該也可以像撲克牌一樣用來玩「接龍」、「傷心小站」或者「打槍」、「大老二」之類，但是，據我所知，好像還沒有任何人這樣玩過。

塔羅牌的精髓在「大阿爾克那」上。不依附著大阿爾克那，小阿爾克那便談不上意義。

「大阿爾克那」的每一張牌都具有正反雙重含意，所以二十二張牌便包含了四十四種意義。而這含意除了基本意義之外，還有延伸的意義；與占星術的十二星座連結的意義；與猶太祕教，埃及神話和羅馬神話相通的意義。它有明喻有暗示，有宗教符號，也有最單純的圖像。雖然標準塔羅牌的繪製必須保有某些固定的象徵記號，但是也有一些繪圖者完全不理睬這個規則，只依照自己的靈感來創造牌面，而這些牌如果傳播得夠廣泛，它獨有的意義便也加入了塔羅牌規則，成為塔羅牌共有的含意。

從這裡看，塔羅牌確實是吉普賽的「族牌」，它四處流浪，隨機做小小的掠取，而所掠取的「他人文化」從來不曾改變它，它總還是它自己。

說實話，凡是對文字的意義，或抽象聯想有興趣的人，很難不受塔羅牌的吸引。由於它看圖會意的特性，再加上它本身神祕的機制，觀看塔羅牌的圖案時，似乎比觀看普通圖像，容易有更多的想像。

許多塔羅牌的書中，都談到容格。

心理學家中，容格恐怕是對神祕學興趣最大的一個。他認為人內心的無意識領域與夢相通。容格也以解夢聞名，但是他之解夢，與佛洛伊德不同。佛氏認為夢是人類壓抑心理的反映，而容格以為夢是另一種人生，顯現的是比現狀更真實和更進化的自我，因此容格解夢，傾向於發掘人的可能性。

他曾經研究過《易經》，也鑽研過占卜和煉金術，對於塔羅牌，據說也曾經「從歷史的，宗教的，哲學的，科學的，社會學的種種角度」去檢視過。得出的結論是：塔羅牌是所謂的「原型」語言。容格相信在人類的內心，也就是無意識領域中，有共通的原型意象，而塔羅牌的圖案正是這些原型意象的具體化。

他在晚年，發展出「相應」(synchronisty)理論，這理論認為：我們的現實世界裡，往往會有一些現象與無意識世界相應，所以「命運的偶然性，其實早已存在於人類的內心中。」換句話說，容格認為：在我們的無意識領域裡，我們能看到自己的未來。因此，占卜的結果就不是偶然，而是我們的深層心理透露出的預示。

相對於容格對塔羅牌的高估，卡爾維諾這本《命運交織的城堡》顯然就把塔羅牌低估了，他完全把它當做看圖識字的工具。他認為塔羅牌是一套建構故事的機制；「我想到一本書，同時想像它的架構：失聲的敘述者、森林、旅店；我被這個以一組塔羅牌召喚所有可能故事的惡魔主意所蠱惑。」

他於是設定了「城堡」和「酒館」兩個場景，來召喚他的故事。對他而言，無論大阿爾克那或小阿爾克那，一律沒有深層意義，他只管對著圖片編故事。這是這本書裡需要兩副塔羅牌的原因。因為不同的畫者，會對牌意做不同的處理，可以激發卡爾維諾新的想像。

他「以最單純和直接的方式閱讀這些卡片：觀察圖案描繪的內容，建立意義，隨著每個單張卡片插入序列的不同而變動。」用這種方式，他架構了〈命運交織的城堡〉和〈命運交織的酒館〉。

城堡和酒館，當然只是故事場景。除了傳達出某種氛圍，幾乎看不出別的意義。而這兩個地點似乎也可以彼此代換，並不會影響故事的進行。我們幾乎可以肯定，卡爾維諾如果行有餘力，其實更可以有無數的場景出現，以不同的塔羅牌繪圖，來編織不同的故事。

某方面來說，《命運交織的城堡》和《看不見的城市》是一樣的書。兩本書都顯示了卡爾維諾那種數學式的興趣。在《看不見的城市》裡是一種演算般的延伸，而《命運交織的城堡》則是排列組合。

我在閱讀《看不見的城市》時，便已感覺到卡爾維諾對於聯想的耽迷。他的想像力不是生著翅膀，而比較像是藤蔓，一個牽連著另一個，再生出另一個，而在個別之間做小小的修正和演繹。閱讀《看不見的城市》，可以看見作者如何牽絲攀藤的構建他的整體結構，可以看見哪一部分是主幹，哪一部分是枝椏。而卡爾維諾最大的天分就是對於「標的物」那無休無止的擴張和聯想。我覺得《看不見的城市》未完，那五十五個被描寫出來的城市不是全貌，如果卡爾維諾能夠，想必還有五百五十個「看不見的城市」在他的腦海裡。

《命運交織的城堡》也一樣未完，雖然書裡面已經交代了十七個故事，但是，若果卡爾維諾願意，我相信他還是可以無休無止的寫下去，以森林為背景，以城市為背景，以草原，以高山，以雪鄉，以赤地——那七十八張牌的排列組合幾乎是無限的，可以把一生都花在這上面。卡爾維諾自己也在附記裡說：「這個主題已令我沉迷多年，我為了從這本書釋放而出版它。」

然而，這樣將塔羅牌簡化成圖像和故事，就免於它「原型語言」的魔力了嗎？我想未必。《命運交織的城堡》如果讓容格來看，想必可以發現許多東西。閱讀本書也就因此成為對卡爾維諾的探索。由於書裡的牌型是他自發的選擇，比占卜時的「偶然性」要更能顯示他自己，排列組合形成的不只是故事，也是作家的深層意識。

於是，我們看到了在森林中被打劫的「杯騎士」，為「節制」的負水少女所救；也看到了「杯國王」對煉金術的追求。我們看到了「劍侍衛」與「劍皇后」的邂逅，也看到「劍侍衛」向「劍騎士」乞求富貴的歷程。而在各行其是的路線裡，卡爾維諾一邊說明，一邊卻又遺留了大量疑惑的空白。

我建議閱讀本書時，要準備一副完整的七十八張塔羅牌。在卡爾維諾說他的故事時，我們可以搭配同樣的牌型來觀看。而牌意會呈現出比卡爾維諾更多的說明，會點出作家自己所棄絕的幽微之處。

所以，這是一本要讀者和作者一起來參與完成的書。我們隨著牌面圖案來經歷羅蘭，浮士德，伊底帕斯，李爾王和哈姆雷特的故事，透過卡爾維諾對莎士比亞，對希臘悲劇，對歌德的解讀，來解讀潛藏在這些作者覆蓋下的卡爾維諾。

而卡爾維諾擅長華美的遁詞。他的故事從不結束，只是停頓在一個抽象和哲學的思考上。這方式向來是卡爾維諾使用得最好，像他所有的書，本書收束於一個當下，一個停格的剎那。一切在結束，一切在開始。

反推回我們每個人的命運，在交織相遇的瞬間，於彼此也只是停格的剎那，可以結束，也可以開始。

假裝是正常人

——記《盲人的星球》

Stephen Kuusisto一出生就得了「早產視網膜症」。經過矯正後，他的視力狀況如下：右眼無法閱讀，而左眼是：「如果字印的夠黑夠大，我把鼻子靠在紙上，也許還讀得出一點東西。」除此外，他有懼光症，「如果不戴上最黑的墨鏡，根本出不了門」。他幾近全盲，但是在三十九歲以前，他像正常人一樣活著；或者說，他假裝是正常人一樣的活著。

他跟正常人一樣求學、工作、運動、娛樂，出外購物，在家自炊自煮。他常常受傷，跌跤，撞得鼻青臉腫；他在馬路上的車流中奔跑過街，憑運氣點瓦斯爐烹煮；吃那些他不能辨識的食物，喝那些他看不清的酒，跟人交流那些他貼緊鼻頭才吸收得來的知識和資訊：「我終日偽造成就，我從未停止搏鬥。」

然而這完全不是一本表彰他勇氣的勵志書，Stephen的奮鬥其實白費，因為他站錯了立足點：他從來沒有面對過真正的自己。

相對於目前來臺的乙武洋匡，Stephen 的生命歷程困難得多。乙武接受了他自己，而Stephen沒有。乙武因此得以明朗自在的活在真實世界中，而Stephen卻活在「盲人的星球」。

由於父母無法接受他視障的事實，這個孩子被教養成以目盲為禁忌，為羞恥。他拘禁在自己的偽裝裡，成為「一個沒有殼的寄居蟹」。直到終於承認限制，才得自由。每個人多多少少都有「不能面對自己」的問題，而作者的困難，具象而血淋淋的在點滴生活中呈現，既荒謬滑稽，又令人驚怖。

在第十五章中，作者描寫「導盲之眼」裡的盲人，拿明眼人面對他們的反應談笑取樂。這使我覺得殘障其實是相對，而不是絕對的狀態。如果每個人「都可以觸摸他人的臉，傢俱是柔軟的，桌子椅子不會擋路，所有的人或物，都有獨特的氣味和聲音來代表他們」，那麼，在這樣的世界中，盲人並不是殘障。

對所有的肢體障礙者來說，所置身的這個世界是「別人的星球」。他們是永遠的異鄉人，永遠有適應的問題。如同我們在異鄉旅行時，需要陌生人的善心。如果我們能學到體念這些「外星朋友」，那麼，正如乙武洋匡所說，殘障者很可能是天使，能協助我們在現世裡建造天堂。

一個逃不出的圓弧

——記《危險的年紀》

所謂的「危險的年紀」，在書裡是指女人四十到五十歲之間的年紀。也就是女人在察覺自己的逐漸衰老，到終於接受這個事實的年紀。而在女主角愛爾西・林特納察覺到這件事之時，她是四十二歲。

她在四十二歲生日之前，離開了她的丈夫，結束了二十二年的婚姻，歸隱到一座小島上。她請了女傭和廚娘，為了避免流言，有心的使她的環境只有女人。這三個女人如同被放逐般的，生活在她稱之為「白屋」的房子裡。用微薄的資產過活，而愛爾西開始學習量入為出的節儉生活。

之所以離婚，是愛爾西主動的，並且對她的丈夫理察・林特納產生了某種程度的傷害，但是愛爾西告訴她的密友莉莉：「沒有特別的原因。」只是某一天，「我忽然被一個衝動主宰了，我必須單獨生活——非常孤立，完全為自己而活。」於是她選擇離開丈夫子女，離開朋友，離群索居。

在敘說這理由的時候，愛爾西是真心的。但是在底層其實隱藏著想要自由的決定自己未來的心情。她在婚姻之外原有個介於愛情和友情之間的愛慕者，愛爾西雖則早已厭倦婚姻生活，卻也尚未能面對她對這個戀慕者的感情，所以，善於迴避的愛爾西，決定獨居一陣子，好思索自己未來的去向。為了能不受干擾的思考，她放棄了與這個人的聯絡。她像修道女一樣，和女傭與廚娘，在白屋中過著安寧、平靜的日子。

在最初，愛爾西似乎頗能自安。她原本是個中產階級妻子，生活一向舒適寬裕，她結交著同樣經濟優裕的朋友。過著宴會，觀劇，嬉遊，購物的生活。她與朋友在午後的咖啡座上交換熟人間的風言風語，在聚會中設法以美貌吸引婚姻狀態能夠容許的羅曼史。如今，她棄絕這一切，反璞歸真。她開始穿著簡單樸素，不再修飾。生活也儘量的平靜單純，每天除了思索，閱讀，縫紉，下棋，在林中散步，與朋友們通信之外，幾乎不做別的事。

她始終維持著與朋友通信的習慣，並且對朋友間發生的事還很有意見。在這段自省與休憩的歲月裡，愛爾西並未脫離她過去的世界，她只是不再為那個世界所約束。在這長段的放逐的日子裡，愛爾西經由自敘和給朋友的信件，表達了她對於「危險的年紀」的意見。

這「危險的年紀」，在現在的理解，很可能就是更年期。似乎在生理更年期來臨之前，女性會經驗到一種心理的更年期。感覺到自己的身體要開始產生變化，而在這變化來臨之前，一切彷彿遠方逐漸籠罩過來的雲層，充滿了可意會不可言傳的騷動，並不是可以理性來分析的。或許某方面像是一種新生，那個自己不明白，不了解，甚至從來不理會的一個「自我」，正隨著這騷動而來，唯一可以肯定的是，存留下來的，不會是原來的自己。

愛爾西因為體會到了這騷動，產生了那種必須「完全為自己而活」的衝動，因此選擇了另一種生活，但是諷刺的是，用這自選的方式生活了一年之後，愛爾西發現自己不耐寂寞。

像張愛玲的話：「女人一輩子講的是男人，念的是男人，怨的是男人，永遠永遠。」女人的世界少不了男人。三個生活在「白屋」的女人，終於還是讓男人介入了她們的生活，廚娘在島上的村莊裡結交了男友，而愛爾西雇了個相貌醜陋的園丁，雖然他完全不能吸引她，但是每當園丁用閃爍的眼光看她的時候，愛爾西仍不免受到震動。

她終於決定回頭去尋覓原有的生活，她給情人寫了信，要他到島上來，結果卻終結了那一段曾經在她生命中很重要的激情。她回頭想與丈夫重修舊好，卻發現丈夫已經娶了別人。她過去的世界，在被拋棄的同時，也拋棄了她。

結局是諷刺的，那個決心出走，以尋覓自我的愛爾西，在發現過去的世界拋棄了自己之後，卻選擇了保留前夫的姓氏，讓自己封閉回往昔的老世界裡。她對娶了新婦的丈夫尖刻的說：「我無意恢復婚前的名字。沒關係，你不是第一個，也不是最後一個妻室散居世界各地的丈夫。世界說小不小，儘可以容納兩個『林特納太太』，令她倆永無相見之期。」

這是個舊時代的故事。愛爾西和她的女朋友們唯一的職業是「男人的女人」：合法的妻子，和不合法的情婦。這種環境，造成她特殊的生活態度和人生觀。她是個聰明女人，但是因應環境所產生的見識，仍不免予人過時之感。從她與現代女性的比較上，可以觀察出半世紀來女性主義的努力產生了什麼樣的成果。至少，現代女性看待男女關係或彼此之間，不會似愛爾西的年代那樣的狹窄。如果愛爾西活於當世，顯然能有較多的選擇，較開闊的視界，而不至於使所謂的「出走」只是一個逃不出的圓弧。

但是，撇開這些因為時代所造成的改變，女人終究是女人，某些使女性異於男性之處，無論過去或未來，總還是一樣的。書中這一部分的議論，可以說歷久彌新，仍然觸到所有女人的痛處。幾乎每個時代，總有女性用同樣的言語表達對另一性的不滿和埋怨。在這只有兩性的世界裡，女人永遠在控訴男人不了解女人。但是可慶幸的是，透過教育和自省，以及對兩性的認識，現代女人有更多的自信去理解：不被了解不代表不被愛，不代表被忽視，或被傷害。

勇氣與希望之書

——記《重生》

雷諾茲・普萊思五十一歲時發現自己得了脊髓癌。在這之前，他身體健康，事業有成，「是個體面的男人」。他在大學任教，極受學子歡迎，同時也是美國文學界公認的優秀小說家。另外，他衣食無憂，雖然獨居在一棟三層樓的大宅中，但是日子過得悠閒、適意，並且自覺獨立和滿足。

關於一個人在遭逢巨變後，如何點點滴滴重建自己，我尚未看過比《重生》更有勇氣的書。這本書不同於《潛水鐘與蝴蝶》裡的苦中作樂，也不同於《盲人的星球》那樣在挫折中覓尋詩意；這兩本書的作者在某種程度上美化了他們的災難，他們在痛苦中尋求並且創造出藉以忍受的方式。但是《重生》卻是硬碰硬的，普萊思不考慮修飾他的苦難，他直截了當告知我們一切，用痛來形容痛、用絕望描寫絕望，給我們看的便是病痛的實相，它的無法抵禦、滅絕性的，使人既無法接受又無力抗拒的威力。

普萊思對於他自己病症的描寫，會使得已病之人想死去、無病之人害怕活著：因為未來可能也會有那樣的痛苦等待著。但是正視病痛，以及迎接它繼之而來的一切，不帶幻想、不帶僥倖、不愛它也不憎惡它，卻正是普萊思重生的重要原因。這本書也是希望之書，普萊思告訴我們的並不是他如何戰勝病魔、痊癒重生；他告訴我們的是：在任何情形下，你永遠可以選擇「做另一個人」。只要能夠面對自己不可能「回復成原來的你」，那麼你就踏上了重生之路，可以開始成為一個「你還能夠做的人」。

普萊思的「重生」，這個「重」，在這裡有「多重」的意義。他發現自己脊髓裡有了腫瘤，使得他不便於行，從不能接受，有意忽略，到盡力隱瞞逃避，他終於還是不得不面對，去接受了手術。但是這不是最壞的。手術後，他發現自己得的是惡性瘤，必須照放射線治療。面臨著不是治癒便是癱瘓的兩種局面，醫生告訴他：癱瘓的機率是百分之五。而普萊思治療後加入了那百分之五。但是這還不是最壞的。

因為照射大量放射線，他抵抗力變弱，身體完全變形，下肢腫大，臟腑下墜，使得他的腰腹一夜之間大了十吋，自此他再也不曾恢復原狀。他為病痛所苦，每分鐘以不同強度間歇來襲的痛苦使得他服用「醫生開的海洛因」解痛。他陷入絕望，一日總有十數次想要死去，失去自制力、失去記憶力、失去思考力。但是這還不是最壞的。

普萊思的患病過程就像在往一個無底的黑洞下墜，每次他終於承受了，開始能夠面對了，他就再度發現自己又開始下墜，這摧毀的過程仍未終止。

而普萊思最後選擇的是與苦痛和毀滅並存，視病情如至親，承認彼此是不可分割的存在，接受任病痛蠶食是活著的必要代價。此念一生，他霍然貫通，開始學到了做「你還能做的那個人」。他不憤怒、也不反抗，只是接受著病痛的限制，盡力在限制中使自己完整。

他不放棄的是生命，他安然接受任何形式的活。癱瘓了便去復健，學習殘障者自立課程；他仍然寫作、授課、四處旅行演講、交友、享受親情與愛。他在病痛給予的有限範圍內設法創造自由。

普萊思的好友，畫家查克·可羅斯在因病癱瘓後，想到了一個說法來稱呼那些高高在上的健全人：「暫時未跛之人」。事實上，老年相較於年富力壯，也就是多少程度的殘障。我們每一個人，其實都可以自視為「尚未殘障之人」。所謂的無障礙環境，受惠者相當程度會是未來的我們自己。而普萊思這本書中更揭櫫了一個重要的想法，就是：在面對肉體或心靈的災難時，在肢體逐漸不便與遲緩時，在因為變故而內在受創時，「回復成原來的自己」其實是極無益甚至有害的想法，生命的意義絕不是要我們重複自己的過去，而是要我們在每個階段裡更新、重生。

限制也許是上天能夠給予我們最好的禮物。能夠在限制中自由，我們才能懂自己強在哪裡、美在哪裡、價值在哪裡。

單純的收拾自己

——記《僧侶與哲學家》

這是一本哲學家父親和僧侶兒子的對話書。父親是哲學教授，政治評論家，曾經擔任法國《新聞週刊》的總編輯，也是作家。兒子則是生物學博士，經過七年對上師的跟隨，於三十三歲出家。翻譯過許多藏文經卷，寫過書，目前是達賴喇嘛的法文翻譯。

對談者雖然是父子，但是這層關係在對談裡完全不起作用。主要的內容是佛法。而哲學家雖然是優秀的高等知識分子，在對談中可以看出，他對佛法的了解充滿謬誤和誤解，並且始終未被說服。但是某一方面來說，他代表了大多數人對於佛教的認識，所以，他的看法與表現有其意義。正是他那種強悍的不願被說服的態度，反襯了僧侶在說法時的自在，平靜，包容與溫柔。

以世俗的眼光看，我想有許多人願意做馬修・李卡德。他父親是哲學家，母親是藝術家，舅舅是探險家。而且這三「家」在法國都有名有地位。名氣和地位帶來的最大好處，其實不是財富，而是環境的氛圍。馬修在成長期，生活圈中充滿了寫法國現代史絕不會忽略不提的名字。

他自述：「因為你（父親）的關係，我結識許多哲學家、思想家、劇場人；因為母親的緣故，我認識了布列東、貝雅爾、蘇拉吉等著名的藝術家和詩人；因為舅舅的關係，我認識了許多著名的探險家；因為指導教授的關係，我認識了在巴斯特學院授課的偉大科學家們。」而被這氛圍包圍的馬修，也同樣出類拔萃，他二十六歲拿到生物學博士學位，指導教授正是諾貝爾生物獎得主方斯華・賈克柏。如同賴聲川序裡的話：「馬修如果想在世俗中走完人生這一遭，成績必定是可預期的優秀、燦爛。」但是他選擇了出家。

我想任何對於信仰或修行有真正興趣的人，一定都會羨慕馬修・李卡德。由於父親是「堅定的無神論者」，馬修在接觸佛教之前，沒有受到任何宗教的影響，他在信仰上是一張白紙。而他接觸佛法的機緣也逾於常人。還在念大學時，馬修看到了一部描寫西藏喇嘛的紀錄片，受到震動，因此趁著假期做了一次旅行。他從法國前往印度大吉嶺，之後從喀什米爾，大馬士革回到巴黎。這一趟旅程裡，他見到了藏傳佛教喇嘛康居仁波切。

馬修不懂英文，也不懂藏語，與康居仁波切沒有世俗可認知的溝通管道，但是他在當地待了三個星期，馬修的描述質樸動人，他說，他只是「單純的待在康居仁波切面前」。

在這三個星期裡，馬修形容：「我整天都坐在仁波切對面，感覺到正在做人們所謂的『打坐』，換句話說，就是在他面前單純的收拾自己。他沒有教我什麼，幾乎沒有。單單仁波切的存在，他的人，給了很深的影響，從他體內散發出來，那種深度、力量、平靜和愛，讓我的心打開來。」

他素樸的去面對佛教，而喝到的第一口水就是最純淨最甜美的，這種機緣，一般人無可比擬。在修行二十年後，馬修把他浸淫其中的甘露，用與父親對談的方式灑佈給我們，我自己的感覺很像他形容他第一次見到仁波切的心情。而使我感覺馬修是被挑選的人。他在接觸佛法之前的教育，為了讓他能夠用理性和邏輯來檢驗佛法；而由皈依人進而皈依佛，使得他的信仰活生生的，溫暖並且人性。

談論佛教的書籍中，我第一次看到這樣簡單深刻，又明白曉暢的文字，對我真像開了天眼。書的內容其實非常雜沓，對佛法的精髓也不過點到為止，但是馬修眼中的佛法充滿了美和善，使閱讀的人柔和。

達賴喇嘛每一次演講完都會說：「如果你覺得我說的任何話有用，請用它，不然就忘掉它吧！」這本書具有相同的柔軟。這種謙卑與不強求，也許就是佛法的智慧。

2000

戴爸爸的頭 生命回頭帶我玩耍《新罕布夏旅館》《輓歌》《心塵往事》《月球娃氏》聖嚴法師花神祭勞倫斯 秦相李斯 肯恩・威爾伯《時鐘的眼睛》漂流的星球哈利波特《內在英雄》林徹音梁思成《神交者說》戴 布洛克《有光的所在》神祕閱讀《乳房的歷史》《大水之夜》《凝脂溫泉》

我自己的看書習慣其實和書評所呈現的不同。

在二〇〇〇年的書單裡，唯一和我這點興趣相關的，是肯恩・威爾伯。他的《恩寵與勇氣》讓我喜歡肯恩・威爾伯，《意識的光譜》卻讓我怕了肯恩・威爾伯。《恩寵與勇氣》是一本纏綿之書，肯恩與妻子崔雅合寫，那個感性和重情的肯恩，在《意識的光譜》裡忽然道貌岸然起來，說些我有聽沒有懂的話。一個人竟有這樣衝突和相背的兩種性質，真是奇異。

這一年還替誠品《好讀》寫了神祕閱讀，談占卜書籍，證明我終於「卜」名在外。一直以來的閱讀興趣都不是很正統的，幾乎什麼都看。毛姆曾說：「從海關的貨物報表裡往往可以看到比一本劣書更多的內容。」我對這句話的詮釋是：讀者比書更重要。一本書帶給你什麼，其實是在於讀者的領會，而不是書的內容。

一次只戒一天

——記勞倫斯・布洛克

我看布洛克有個絕不可取的習慣，我強力不推薦任何人學習。我總是從後面看起，以免對兇手的猜測干擾我的閱讀樂趣。先知道了兇手是何許人，再聽聽他的懺悔，或者馬修・史卡德所揭發的真相。之後，才書看重頭，掉頭看看布洛克怎麼樣開始「讓」罪案發生，還有，兇手是什麼時候，以及如何「出場」的。

照道理，看推理小說不能這樣看的，可是，布洛克寫推理小說也並沒照什麼道理來，所以，這樣看他的小說應該也沒什麼不對。而且，說實話，照看一般推理的方法來看布洛克，會喪失非常非常多的樂趣。

我跟許多人一樣，是從他的《八百萬種死法》看起的。與布洛克做第一接觸時，大概很難有什麼石破天驚的感覺。他的文字乍看是有些流氣的，就是廉價平裝本小說的氣味。在前五頁，充斥著老租書店裡灰塵蟑螂、書頁捲角、頁邊塗鴉、某幾頁被撕了一半、某幾張完全被撕去、封面的豔女被加了八字鬍、俊男則添上了溥儀眼鏡的調調；而在這種氛圍裡，戒酒的偵探馬修・史卡德出現，開始遊走。他老是晃來晃去，一條街走過一條街。我們看到他到處找教堂，找戒酒聚會，在街面上看著對面的酒吧，考慮要不要進去喝一杯。最後他決定離開，到超商裡買酒。他帶了酒回家，看了半天，然後倒進水槽裡。於是又贏回了一天，他還沒有開戒喝酒。

《八百萬種死法》一路看下去，不久，我就不再關心死了多少妓女，和她們是如何死的。我只是追著馬修走，挑那些他在戒酒聚會和酒館的部分看，我看著和等待著（我不能說我在期待，因為我並不希望他開戒），他什麼時候會又開始破戒喝酒。

布洛克把酒徒與酒的關係說得那樣深刻，超過任何解謎辦案追兇手的過程。看著馬修麻木的，機械人似的，無感無覺的守著戒酒聚會的規律，買了酒又倒掉，進酒吧叫了酒又離開，一天又一天，「一次只戒一天」。之後，他那真正有知有感的自己從最底層開始，逐漸浮了上來，一些最平常的事開始刺痛他自己，看到《八百萬種死法》的最後一頁，馬修在戒酒聚會裡大哭，說：「我的名字叫馬修，我是酒鬼。」這時候，我就愛上了勞倫斯・布洛克。

馬修・史卡德探案在臺灣出了十四本。我很好奇布洛克創造的別的系列角色會是什麼模樣，但是相當懷疑馬修・史卡德這個人是不是多少有點夫子自道的成分。因為這個人寫得太透，太有實感。

馬修・史卡德其實不是很突出的人，他是那種跟你認識了一輩子，你還是沒辦法說出他是個什麼樣的人。書裡沒有他的相貌，年齡，身高體重，我們直到《一長串的死者》裡，才知道他已經戒酒十年，歲數上了五十。

他是個邊緣人，他的邊緣性不在於他喝酒戒酒，是退職警察，無照偵探，和與妓女戀愛，與殺手交往的背景。他的「邊緣」在於性格。他不是隨波逐流，而是「不想怎樣」。他的正義感不是熱血澎湃，而只是「看不過去」，每次破了案他都有些無奈，因為是沒辦法的事，他對兇手的同情不比被害者少，而且大多數的被害者他也同意他們有些的確是該死的，但是他仍然把案子辦下去，不在於該或不該，而是事情開始了就該有個終局。他行事依的是他自已的規則，而在一般人看，這規則絕非是非黑白分明。他總是跟所有人所有環境格格不入，卻又巧妙的十分和諧。他總是保有他最不需要保有的部分，去做沒什麼必要去做的事。而對這一切的一切又都存有一種混沌，不解釋也不思索，而只是隨反應而為，只憑本能。

他辦案的方式某方面來說是最糟的，他總是靠直覺，而那直覺精密到讀者無法跟隨，《向邪惡追索》裡，馬修破案的一個關鍵是：他察覺了關係人在喝酒的時候，身上其實沒有酒味。這是酒徒戒酒之後的敏感，恐怕是在喝酒或不喝酒的人經驗之外的。而在《屠宰場之舞》裡，在拳擊場偶然見到的一個手勢，挑起了馬修的回憶，進而成為破案的關鍵。

但是布洛克的書裡，案件向來不是重點，馬修・史卡德是個全職的遊蕩者，兼職的偵探。他遇到的人：警察，兇手，被害者，關係人，全都獨特出色，鮮明的個性，鮮明的行事，個個令人難忘。看他的人物對話是一絕，絕不是平板無味的語言。而某些章節寫得真是好，比方《酒店關門之後》，馬修設計逼出主謀者那段，寫得既潑辣又辛酸。布洛克處理那種人與人之間的無奈，卑微瑣屑，總是能探觸到我們心底裡最柔軟的部分。有時相對於兇手的富人性和多面化，會覺得馬修本人簡單和無情。但是這也是類型小說不得不如此的一面，故事起了頭就得說完。

除了小說本身，特別要談的是唐諾的導讀，雖然偶爾會覺得他「過於崇拜」布洛克，但是閱讀導讀是一個跟閱讀布洛克一樣美好的經驗。唐諾為文熱力四射，他的熱血導讀和布洛克為文的冷色基調，奇妙的是非常搭，有互補之效。他的寫法非常獨立，其實不一定需要布洛克。我往往在看完全書之後細讀導讀，就像吃完全餐之後，來一杯甜點和咖啡，具有為全書點睛和收束的功效。但是，同樣的，我絕不在看正文之前看，以免他把我導到我不想去的方向。這又是另一個，也許也不能算好的閱讀習慣罷。

學者也是人

——記《有光的所在》

南方朔其人，在文字工作者的分類中，一向是被定位為學者和評論家。相對於小說家、散文家、詩人等「私文體」的書寫者，學者或者評論家是比較面目模糊的。我們知道他的關注、重視與愛憎，但是沒有線索讓我們了解，那些愛憎和關注是從何而來，又如何形成。

在書頁背面的介紹中，我們知道南方朔是「臺大森林系，森林研究所畢業，文化大學實業計畫研究所博士結業。曾任《中國時報》記者、專欄組主任、副總編輯、主筆等職」。後來「脫離體制，擔任黨外雜誌總主筆」，現在是《新新聞》發行人，「論評政經與蠡測文化皆四方豎耳而擲地有聲」，「透過驚人的知識吸收及自我養成，而變為臺灣重要的『民間學者』。」

這些硬梆梆的頭銜和背景，符合，而且加強他學者與評論家的形象。但是，學者也是人，我們不免也想知道，在學者或評論家離開了他的權威地位，還原成為素樸的人的時候，他到底是什麼樣子？

在〈祕密的記憶盒子〉一文裡，南方朔談到了在過去的年代，許多人習慣將自己珍愛的東西，藏在一個祕密盒子裡。那也許是「小學那個小女生所寫的字條，拔下來的牙齒」，也或許是「少年期未寄的情書，初高中的放榜通知單，扣在制服上的學校標誌」。這些看似瑣碎的物件，其實卻埋藏著主人自己的「私心情」和「私記憶」。

《有光的所在》這本書，就是評論家的祕密盒子。

從這本書裡，我們才知道：原來他小時候是個鄉下孩子，也有過「上學時，沿著西邊麥田的田埂一路走到學校，隨手扯下麥穗放在嘴裡咀嚼，最後會嚼出一小團像麵筋一樣的團塊」的童年。他曾經飼養過黃白斑紋的家貓，這隻貓失蹤死亡之後，他「為之大慟」；因為「不想再經歷那種小小的死亡」，造成他日後不許自己的孩子養貓，而被抱怨是「無情的老爸」。

他原來非常喜歡詩，並且年輕的時候還寫過詩。在感情上，評論家有過「為她寫詩寫到癲狂」的歲月，而且因為「不成熟，缺乏自信，又不懂得珍惜」，曾經是個非常容易吃醋的情人。

他喜歡古典音樂，頗有素養。還喜歡聞香，「唸書的時候，常喜歡到處去採擷可食的花朵」，竟還是個食花怪客。他並且自製香花茶，「長年累積的經驗，發現還是金銀花和山素英的甜淡香氣最是怡人」。他居然也看日本偶像電影『七月七日情』。

他唸書時，時常在暑期打工，到過山地，因為有過愉快的回憶，造成他對山區的偏愛。他也曾經幹過清除漫山「朝顏」的苦活，因此而對牽牛花有偏惡。他「對碑不能忘情」，見到墓園碑石或路碑，石敢當，碑林和紀念碑，都會「駐足摩挲」。他看《紐約客》，偶爾泡小酒館。他對繽紛色彩有敏銳感，對美女有鑑賞力，對飲食也有自成一格的品味。

人格即文格，無論是如何迴避的文字，也一定還是多少會透露出寫作者的人格和品氣。南方朔的評論文字裡，呈現出的是一個敏於觀察、善於分析，有理想性，「中間保守」，還帶點過時的浪漫的人，這個人與我們在「祕密盒子」裡發現的並無衝突，某方面來說，彌補了我們對他的認識的隙縫。他所贊同的，和他所反對的，我們現在有了「知其情」的背景。

評論家的評論文字和抒情文字，就有若相片與影片。「相片」當然也是他，但是「影片」向來比相片能透露更多的信息。

神祕閱讀

我之對於星座命理占卜之類有特殊興趣，據我一位懂紫微的朋友說，是因為我有這個那個星坐命之故。但是，這些星只讓我對這一類神祕事物產生興趣，可並沒有許給我把它搞通的能耐，所以，我對此道鑽研浸淫了二十多年，買了看了不少書，卻還在這裡寫稿，並沒有去掛牌算命。這是我覺得很遺憾的事情。因為能夠預知是一種權力，尤其是預知別人身上的事，那就跟啣著金湯匙出生，或者生來傾國傾城一樣，是一種資產，幾幾乎就可以折現，可以換取財富，地位，感情，一夜情……一切你想要和不想要的東西，只要你真能預知，或者你讓別人相信你能夠預知。

因為看了許多這一方面的書，各種各類的，西洋的中國的，你說得出名字的，我大概都接觸過。雖然沒有「吃過豬肉」，可的確看過不少「豬走路」，所以覺得來給各位「神祕導讀」一下，大概也是適當人選。本來是很想學國外那樣，給各位開列一下「絕對不要去讀，萬萬不要去買」的書單，裡頭還不乏一些暢銷巨著，因為那都是當初花了冤枉錢買回來的，至今猶有餘恨。但是後來想到出版界不景氣，至少這些書籍對增加總銷售額有貢獻；再說，沒有「劣幣」，哪裡襯托得出「良幣」的優秀呢？雖然，市面上的確也是在「劣幣驅逐良幣」，我導讀的這些書，我實在不敢保證會很容易買到。不過，這好像也是我們整個國家和社會的大體之象，也就不能獨責於出版業了。

書市上跟命理占卜有關的，目前最熱門的是兩大山頭，一是西洋占星，另一是中國紫微。寫紫微命理的人非常多，但是大部分大同小異。偶爾幾名卓有創見的，我當他是奇葩，買來拜讀之後卻發現他是「芭樂」（與「芭樂票」的芭樂同義），不勝怨恨之至，這一類的就別提了。事實上，當年我不知道自己這麼沒有慧根的時候，還曾經交過學費拜師上過課，當時我的老師說：要學紫微，把梁湘潤那本斗數書看通就足夠了。但是梁書很不容易入門，光是那些解說，就足以治療任何人的無眠陳痾。所以我覺得慧心齋主的書對於初學者，真是功德無量。但是看多了會覺得不足，我覺得陸斌兆編著，王亭之補註的《紫微斗數講義》（一）（二）真是不可多得的好書。裡頭不僅有對斗數各星宿的解釋，並且有作者本人觀相的經驗談。王亭之是知名佛學家談錫永的筆名，以他的佛學修養談命理，有不拘泥於世俗世相之處。可惜時報就出這兩本便戛然而止。推想是銷售不佳之故。

我最初對星座不感興趣，主要原因是不能相信把全人類歸在十二種典型裡的算命法。後來認識深了，才知道星座其實比紫微或八字更精密複雜。星座的天宮圖，除了看年、月、日、時、分，還要看出生地的經緯度。同時又要參考十顆行星的位置，以及南北交點，日月蝕的影響，因此，占星家 Jan Spiler 說過：「兩萬五千年之內，不可能出現兩張相同的星圖。」

而開始依照完整的天宮圖來理解占星之後，不敢說自己讀通了，只能說：太好玩了！從完整的天宮圖上來看命，發現它的準確度不可思議，全無含糊之處。而在看了韓良露的「全占星」系列：《愛情全占星》、《人際緣分全占星》、《寶瓶世紀全占星》、《生命歷程全占星》之後，發現對待命理的另一種態度，不但是知命，而且是要透過生命的曲折來學習和進化自己。韓書不但是精闢的占星書，還達到了哲理書的高度。

我似乎是跟星座比跟紫微有緣份，看占星書籍時，理解得比較快，也頗能舉一反三。有一套密法，我用來如魚得水，無往不利。每次用這一手給人解命，精準到連我自己都駭然，而我的那一本包含曠世絕學的「葵花寶典」，就是 Jan Spiler著，吳四明翻譯的：《靈魂占星》（方智出版）方智出版了非常多的新時代書籍。它的占星書也與眾不同，這本書同樣是占星其外，新時代其內。摒除那些占星學的玄祕之論，這也是一本非常好的心理書籍，他所剖現的十二種人格的優劣和成因，都相當有說服力。

占星書因為多數是翻譯，所以精彩的非常多。我相信 Linda Goodman 著，劉鐵虎翻譯的《星座・愛情・婚姻》，大概已經有許多人看過。這本書出版已經超過十五年，但是仍然在書市上銷售。我自己就有兩個版本，因為它實在是太好看了，可以當它是文學書讀。國內許多散文名家都還未必能有如此文筆。劉鐵虎另外又編譯了一本《占星金鑰》，我是純粹為古德曼的解說買來看的，但是非常可惜的是裡頭相當多的部分跟《星座・愛情・婚姻》這本重疊。難道古德曼沒有別的作品嗎？還是古小姐也跟國內某大家一樣，喜歡出剪貼本？

古德曼的書我也時常買了送人，請大家告訴大家，但是真沒從她身上學到什麼。反倒是王中和著的《大占星術》是一本非常實用的入門工具書。對宮位和行星的座落位置，甚至行星間相位的影響，都列舉的鉅細靡遺，非常完整。我初學占星，對一些專有名詞有看沒有懂，就都是從這本書裡找到答案的。

事實上，要談命理，王明雄的書你一定要看。王明雄著的《談天說命》、《命理解疑》都很好看。當命理書或隨筆皆可。王明雄是很特別的人，他是英美文學碩士，曾在淡江大學教過朱天文。實在是不容易理解，他為什麼學的不是占星而是命理呢？王明雄看相非常高段，到嚇死人的地步。這兩本他早年寫的書，均是雜談，非常有趣，但是也曝現了此人有反骨，對一般習見之事，他就硬是有另一套說法，並且還言之成理。他近年來研究《易經》，凡是對《易經》有興趣的人，那就還有兩本必看之書：王明雄著的《易經原理》、《生活易經》。王明雄把《易經》談得極活潑，那些卦變得活生生的，有血有淚，有情有義。看他的書，覺得《易經》一點不難懂。而且他那些顛覆前人說法的部分，抽絲剝繭，有板有眼，簡直就像推理小說。看王明雄說《易經》，像坐雲霄飛車，兼刺激和驚喜有之。

雖然許多人把《易經》當哲學，但是照王明雄的說法，《易經》本來就是占卜書。我自己的經驗，準確度是很高的。只是不容易判斷，所以能夠懂它，還是非常非常有必要的。除了王明雄，另有一本李燕著：《易經畫傳》（上）（下）對於理解《易經》，也非常有幫助。這是畫傳，基本上道理不多，但是從畫面也可給人諸多聯想，有趣的是，有時會發現作者自己可能都沒有預設的延伸意義，而且畫作也非常精美。

事實上，講到命理和占卜，無論新舊中外，真正運用起來的時候，都會發現，當時的靈感很重要。這是為什麼測字時，同樣的字有時會有吉凶二義，因為當時隨機的感應不同。所以任何的占卜，其實都不能只拘泥字面意義，還是要看它在你心中喚起的是什麼。

吉普賽的算命牌「塔羅牌」也是種完全要靠慧根的牌。它的基本意義很簡單，但是依照占卜法的不同，配合當下時空，延伸出來的意義簡直是無限的。塔羅牌厲害處是任何事都能算，你要是「養」出了一副能跟你靈犀一點通的牌的話，它什麼事都會告訴你，而且絕對是「說清楚，道明白」，完全不來模稜兩可。

塔羅牌易學也易精，幾乎人人都可以學，原則非常簡單。如果有興趣，我推薦的入門書是沖門土，海界めい合著的《神秘塔羅牌進階》。這本書有完整的大小阿爾克納七十八張紙牌的解說，基本占卜法，還有牌面花色的基本意義，非常好用。塔羅牌是需要豐富聯想力的占卜法，我曾經在教寫作課時用它來訓練學生的聯想和想像力。而既然學塔羅，不可不買，不可不看，不可不備的案頭書，是卡爾維諾著的《命運交織的城堡》。看卡爾維諾這本書，可以學到塔羅牌能夠聯想得如何天馬行空。卡爾維諾這本書當然跟占卜一點關係也沒有，但是它可以拓展我們對牌義的想像，解牌時空間更大。

最後，要給各位介紹一本非常奇妙的占卜書。那就是蔣貢密彭法王原著，談錫永編譯：《西藏密宗占卜法》。這本書很怪，是屬於西藏密宗占卜。一共是三十六種卦象，每一卦都由六個咒字組成。在占卜前，要先觀想持咒，相當麻煩。但是，真的真的真的！有不可思議效驗！而且多做這種占卜（當然占卜前要觀想要持咒），不知道怎麼搞的，運勢都會變得平順起來。密宗一向是所有宗教中求驗最速的，此法也不例外。搞不好真有神道護持罷！

參考書目：

1. 陸斌兆編著，王亭之補註：《紫微斗數講義》（一）（二）（時報出版）
2. 韓良露的「全占星」系列：《愛情全占星》（方智出版）
《人際緣分全占星》（方智出版）

《寶瓶世紀全占星》（方智出版）
《生命歷程全占星》（方智出版）

3. Jan Spiler著，吳四明翻譯：《靈魂占星》（方智出版）

4. Linda Goodman著，劉鐵虎翻譯：《星座・愛情・婚姻》（自立出版）

5. 王中和著：《大占星術》（希代出版）

6. 王明雄著：《易經原理》（遠流出版）
《生活易經》（遠流出版）
《談天說命》（時報出版）
《命理解疑》（皇冠出版）

7. 李燕著：《易經畫傳》（上）（下）（時報出版）

8. 沖門土、海界めい合著：《神秘塔羅牌進階》（尖端出版）

9. 卡爾維諾：《命運交織的城堡》（時報出版）

10. 蔣貢密彭法王原著，談錫永編譯：《西藏密宗占卜法》（全佛出版）

女人為什麼會知道
——記《乳房的歷史》

凡是身為女人，大概都知道：乳房的重要性超過雙眼皮，超過高鼻樑，超過有酒窩的下巴，有乳珠的櫻唇，柔亮的飄飄長髮；超過高學歷，才氣，能力，氣質，內涵，教養……超過一切父母和老師們說它們很重要，其實卻一點不重要的那些東西。奇怪，並沒有人教，女人為什麼會知道的？

大約是從媒體影像上知道的，從綜藝節目主持人的語言上知道的，從日本漫畫和電玩上那些天使面孔魔鬼身材的女主角們知道的，從豐胸塑身廣告知道的，從低胸流行時裝知道的，從熱門海報模特兒的高薪知道的，從男人目光的去向知道的。乳房的重要是不學而自知的事情，但是我們不知道的是：原來乳房不是女人的。

整個「乳房的歷史」其實也是女人被物化的歷史。

不會有任何人體的局部，具有這樣繁複、錯亂、不統一和彼此相逆的意義。它讓人又愛又恨，不但是女人困擾的根源，也是男人煩惱的種籽。它既聖潔又淫穢，代表性與愛，也代表罪與邪惡；代表家庭，又代表社會；它是國家的抽象化身，也是宗教的具體形象；它可以表現戰爭，又可以表現自由；它是純真和美善，又是疾病與腐化；它是潛意識的核心，也是現世的權力與財富所繫；它帶來撫慰和誘惑，也帶來重生與毀滅；它顯現神之愛，也降下詛咒。

它被用來象徵中世紀的基督教性靈滋養，表現文藝復興時期畫家與詩人們的情色想像，被十八世紀的歐洲思想家打造成公民權力的來源，又被二次大戰的美國政府作為募兵的訴求。在嬰兒它是食物，在男人它是欲求，在醫師它是疾病，在宗教它是禁忌，在政治家它是文宣，在商人它是鈔票。而在二十世紀的女性自身，它代表要求自主的吶喊，對男性權力的抗拒，它的掩蓋和呈露都具有意義，有時候代表解放，有時候代表獨立。

觀看自己身體的一部分被這樣大張旗鼓的陳述和討論是奇怪的。而瑪麗蓮・亞隆的書寫方式是超性別的，就像她自己身上並沒有長著她所談論的東西。她從《聖經》裡夏娃的乳房開始談起，列舉在歷史和藝術品中乳房是如何被使用的。她告訴了我們歷代的宗教家，歷史家，政客與統治者，詩人與畫家如何看待這個器官，而民間和貴族的乳房又有什麼不同。

不同的時代和不同的地區流行不同的乳房，政治正確的乳房是好的乳房，反之就是壞乳房。使用型乳房和觀賞型乳房的標準不一樣。而乳房也有階級差異：「上層社會乳房」屬於男人，要尖挺圓小，「下層社會乳房」屬於孩子，要巨大泌乳。而披掛這些乳房的女人並不擁有它們，她們既非使用者，也不是所有者，比較來說，她們應該是保存者，像冰箱保存食物，金櫃保存珠寶和證券，女人為了各種理由保存她們的乳房，撫育者要保證它永遠溫潤多汁，而被觀賞者要保證它趕得上流行，永不變形。

十六世紀的法國美容專家留下了一個促使乳房小而堅挺的祕方：「將小茴香子碾碎，摻水成糊狀後，塗抹在乳房上，再用浸過水與醋的布條緊緊裹住。三天後，將布條與小茴香子糊除去，再將百合花碾碎，調上醋，糊到乳房上，用布條緊緊包住。如此再三天。」這個偏方和食譜沒有兩樣，它所料理的對象像食物而不像人體。

在男性主導的數千年歷史中，女性的乳房承載了男人的慾望、憤怒、夢想、和失落。乳房在歷史中與男人的道德和罪惡感互動，他需要滿足的時候，乳房是母親、妻子和情人，他想要譴責的時候，乳房便是娼妓、巫婆和魔鬼。而在女性看來，不可思議的是：無論是憐愛或是痛恨乳房的時候，男人都得到快感。

乳房唯一真正屬於女人自己的時刻，是她生病的時候。十九世紀初期的女作家芬霓・柏妮（Fanny Burney）記述了她割除乳癌的過程。除了一杯酒，沒有使用任何麻醉劑，芬霓痛叫手術全程。而唯有這割裂的痛苦屬於女人自己，只有失去的乳房才屬於自己。

直到二十世紀，女人才算把乳房的「所有權」收復回來，歷史上從未有如此多的女性，公開並且大量的談論自己的乳房經驗，包含青春期的尷尬和成年後的情色快感，哺餵的愉悅，罹病的痛苦。如同瑪麗蓮・亞隆所說：「我們正處於歷史的時刻。」在二十一世紀，我們所收復回來的乳房，「將不是女性祖先的那個乳房，它的意義與用途將由女人來界定」，而乳房從被動而自主的歷史，也正是女人總體地位的象徵。

比天生者更美
——記《大水之夜》

好作家和美女一樣，有兩種。一種是天成的，對自己的美好全無自覺，也不大在乎，套句某時期常有人引用的話，就是：「她比她的美更大」。另一種則是非常自覺要成為美人，也非常努力，最後終於成了美人。這在我們周圍世界不乏例子。在寫作上也不乏例子。

而究竟是天成的美較美還是努力的美較美呢？奇妙的就是，這兩種有時候完全不分軒輊。在文學上，那種拼命要成為美人的，後來就成為真正的美人，比天生者更美。因為在創作上的天分，如不磨礪便永遠只有一個面向，看多了不免失味。而努力過的創作者，改造自己的痕跡歷歷，痕跡也就成為風景和趣味，是閱讀時的附贈品，比之作品本身，更加是「其中有人，呼之欲出」。

看章緣的小說，便有這樣感覺。在《大水之夜》裡，可以看到她的最初，看到她的最後，而透過由最初到最後，又可以看到她的將來。

她不是「美女」作家。從書裡可以看見她如何從最平凡保守的地方開始起步，看到她一點一滴，慢慢開始釋放自己。看到她的不確定，試著這樣那樣來表現，也看到她漸漸掌握住一些東西。看到她的自傲，和對自己的期許。

書裡收錄她的得獎作品〈大水之夜〉和〈天生綠拇指〉，但是我偏愛的卻是〈旅行的草帽〉和〈共浴〉。兩篇的寫法都是點到為止，幾乎沒說什麼。〈旅行的草帽〉寫兩夫妻出外旅行，草帽丟了，於是一邊埋怨這草帽的事，一邊繼續旅行。是近乎心不在焉的東扯一下，西扯一段的筆路，到了最後，草帽還是沒有找到。什麼也沒有發生，什麼也沒有結束。是這樣雲淡風清的寫法難能。

而〈共浴〉則是講夫妻生活的一個小切面。是簡筆寫意，留白甚多，而意味無限。我總覺得最好的東西都應當具有返照的功能。無論是影片是書籍，或是一個美女。要緊的不是所呈現的色相，要緊的是它所返照出的影像是不是龐大，是不是具有無限意象。章緣似乎在她不自覺的情形下可以達到這種高度，自覺時不成，便露了。

房間裡的暗香

——記《凝脂溫泉》

平路可能是女作家裡風貌最多變的。她寫抒情散文，寫女性思考的評論，也寫社會分析和政治觀察，相關書籍雖然出了不少，但是，顯然她自己或者外界對她最重視的，仍然是她的小說文字。

平路的小說，同樣放到女性寫作群中觀察，也非常特殊。除了純文學寫作，她也嘗試過科幻，推理，歷史，甚至情慾類型。除了寫作文類的多樣之外，她也是最樂於在形式上做實驗的女作家。她的這種什麼都想試一下的狀態，非常像雙子座。雙子總是想擁有最多，卻不是很介意那是不是最好的。

而平路在一九九八年以前的狀態就像是這樣，她什麼都想嘗試，但卻都淺嘗即止，在還未發展到爐火純青時便放棄了，這也許是幾乎沒有人注意到她的多樣性的原因，雖然她寫過許多類型作品。

在一九九八年以前，平路的寫作，給人的感覺是中性的，甚至在一些女性議題文字上，她仍然是中性的，並不十分女性化。她的視界廣闊而遼遠，大到抽象的地步，其實是另一種「不食人間煙火」。那時候的平路與人有隔，與讀者有距離。她即算是抒情文字，也是機械，理性，幾乎冰冷。她書寫著她所知所見，但是從未返照來觀看自己。

一九九八年底，平路出了《巫婆的七味湯》，這是她在前一年報章專欄文字的結集。在這本書裡，我們第一次看到一個帶了暖氣的平路，她的人性和女性全部浮現了。作家在書裡檢視了她內心裡的角落。她小心翼翼，甚且帶了點羞怯，開始給我們展示她珍藏的寶貝，那些讓她痛的，讓她酸的，讓她欣喜的，低迴的。如果平路從前的寫作，是招待我們進入了她的客廳，那麼在這一本書裡，我們是進了她的閨房，嗅得了她房間裡的暗香。也得知了為什麼「客廳」是長成那個樣子的原因。

而《凝脂溫泉》同樣是一本帶有暗香的書。作家在虛擬書寫的中間隱藏了她的體味。在虛構的故事，虛構的人物，或許也是虛構的情節裡，有一些真實的什麼，讓人觀看到字裡行間，在角色與場景底層的一縷芳魂。《凝脂溫泉》因此成為一本不能獨立觀看的書，至少要與《巫婆的七味湯》對照閱讀。

就書論書，《凝脂溫泉》收集的五篇作品其實面相有點混亂，前三篇〈濕漉漉的故事〉是「某種形式的三部曲」，但是〈利瑪竇的祕密〉是「類歷史」，〈猜猜，他想要換什麼〉是「類科幻」。我所謂的「類某某」是意指它的不純粹，看起來像某某，但骨子裡不是的。同樣的，前三篇也是「類情慾」。

〈從泡水的天花板開始，到灑在浴缸裡的溫泉粉結束〉、〈微雨魂魄〉、〈暗香餘事〉，《凝脂溫泉》這三部曲裡，三個女主角都困於自己與男性的關係。在書中，她們都沒有形體的具體描繪，看不出她們的長相，容貌，年齡和職業，雖然個性不同，卻全都處於被動地位。而相反的，三個故事裡的男主角卻面目分明，如果拿來拍電影，相應的演員角色立刻浮現。而書中小心翼翼出現著的對男性軀體的描寫，其實很不像情慾，而像孺慕。男性在這裡成為女性所欲歸向之地，而糾纏與折磨，是因為回不去。

事實上，任何一個持續寫作的作者的每一本書，都絕不是獨立的。由單一作品來品評好壞優劣，某方面來說無意義，因為我們看到的只是「一時現象」。而《凝脂溫泉》或《巫婆的七味湯》，夾在平路過去企圖龐大，富實驗性的寫作版圖中，或許顯得過於渺小安靜，也過於平俗現實，但是我卻認為這是平路到目前為止走的最好的一步。過去的平路，是俯視塵寰，而現在，天女下凡，她和人群站在一起了。

秦始皇的知己

——記《秦相李斯》

如果來個歷史人物排行榜的全民公投，相信「秦始皇」不在三名內，也一定在五名內。歷代帝王裡，雖然有不少人在電視電影漫畫裡露過面，但是講到國際知名度，秦始皇的地位無人能及。雖然歐洲歷史給了成吉思汗一席之地，但是嚴格說來，他橫掃歐亞的時候，還沒當上中國皇帝。所以，真正中國籍的超級巨星，仍是非秦始皇莫屬。

而日本對秦始皇的興趣更超過我們。除了曾經拍過電影「秦始皇」，漫畫裡，以秦始皇為主角，第二男主角或配角的，更不可勝數。在所有關於這位中國最知名的暴君的描述裡，他被美化成一個「全人」，不但有超乎常人的野心和意志力，而且外表也是魁梧高大，威嚴俊美。

當一個人成了神話和傳奇之後，他就成了公共財，任何人有權用自己的角度來解讀他。秦始皇的形象被後人炒作得越來越高，越來越大，某方面來說，代表我們對他的評價：這樣一個武功蓋世，氣吞山河的一代霸主，併六國，一天下，立長城，建馳道；有那樣大的企圖野心和實行力的人，實在是難以想像他會長得像卡通片「南方公園」裡的阿尼。

所以，看到了《秦相李斯》裡的秦始皇，簡直是倒抽一口冷氣，完全傻了眼。「那也按倷呢」？

在錢寧的描寫中，秦始皇是長這樣的：「瘦小枯乾，面目醜陋，骨骼發育不良，含胸隆背，帶有明顯的佝僂病症狀」，若不是「鷹鼻鷂眼，看起人來，目光銳利而陰沉，加上嗓啞音沙，說起話來，似狼嗥豺笑」，簡直就沒有君王的威嚴。

這是歷史的殺風景之處。英雄長的像狗熊，而霸業之成就，不是深謀遠慮，而只是扭曲的執念所造成的結果。

錢寧的《秦相李斯》，雖以李斯為主要出場人物，但主角仍然是秦始皇。而書中的秦始皇雖然著墨不多，卻多寫到要害處，其實比李斯更有可觀。

李斯初見秦王時，朝政仍由呂不韋把持，秦王並無實權，大小事都必須聽命於相國呂不韋，和長信侯嫪毒。而天下皆知這二人都是他母親的情夫。李斯見秦王，說動他的第一句話便是：「不知秦王是否有一統天下的雄心？」

撇開君臣之倫，李斯和秦王在某種角度來看，實為知己。他看出了這個外表不起眼的侏儒內心裡的野望，而秦王也識得了李斯可以助其霸業。呂不韋死後，秦王重用李斯，歷史記載：「始皇既定天下，斯為丞相，定郡縣之制，下禁書令，變籀文為小篆。」他在位直到秦始皇賓天，可以說秦始皇所作所為，是好是壞，他全都逃不了干係。說誇張點，他和始皇互為表裡，始皇是那股欲成就霸業的意念，而李斯是成就始皇霸業的推手。

錢寧的寫法並不違背史實，手法又極富戲劇性，使得這本書既有門道又有熱鬧，是我近年來看的最過癮的歷史書。

現代唯識學的愛因斯坦

——記肯恩・威爾伯

關於肯恩・威爾伯，胡茵夢說他是：「現代唯識學的愛因斯坦。」他在二十三歲時寫了《意識的光譜》（*The Spectrum of Consciousness*），由於這本書裡將「東方禪修的次第，與西方心理學的人類成長階段接合，充分展現了這兩種文化在內省直覺與客觀理性方面的各自優勢，而且居然是可以歸納在同一基礎上相提並論」，因此讓世人見識了他的開創性與才華，從而一舉成名。肯恩・威爾伯就此被公認為「超個人心理學界的天才，意識研究領域的愛因斯坦，新世界觀的原創者」。

他出生於一九四九年，父親是美國空軍，從小就隨著父親的駐地而不斷全家遷徙。這種游牧生活影響了他的人生觀，使他很小就懂得了世事無常。在唸書的時候，「他熱愛讀書與運動，在學校裡成績優良，也經常參加體能競賽與社團活動，表現突出。」這樣優秀傑出的肯恩・威爾伯，如果不是有一天看到了《道德經》，他大概會像所有人一樣：讀書就業，結婚生子。但是這本中國古籍改變了他，他開始研究哲學與宗教。他學習打坐，大量閱讀東西方的哲學典籍，研究佛教與印度教。並且索性申請了退學。

肯恩・威爾伯經過大量閱讀和自己靈修的體驗，發現東方宗教的修行過程和西方心理學的意識現象的研究有相關之處，這成為他最早的研究主題。之後，東西方哲學，宗教與科學，物質與性靈的整合，一直都是他研究的中心德目。他成名之後，推拒外界傾慕的光環，只專心於每日靜坐、閱讀、寫作、維生的規律生活。並且參與編輯一本整合性思想刊物《回觀》(*ReVISION*)。這段日子裡，他鞭策自己以每年一書的速度出版著作，而他所書寫的項目，包括個人心靈成長，文化與社會演化，認識論和科學哲學，社會學和心理學。

一九八三年，肯恩・威爾伯認識了他的妻子崔雅，於是展開了《恩寵與勇氣》裡的故事。在這七年間，他完全停止創作，不出版任何書籍，只專心陪崔雅養病，以肯恩・威爾伯的企圖心和使命感，他居然能為了崔雅說停就停，見證了他對於性靈整合的理念不是空言。等到崔雅過世，他才繼續著作，到目前已經出了十四本書。

我有點覺得自己不是很夠資格談肯恩・威爾伯。在《恩寵與勇氣》的書末，樓宇偉寫了〈整合學：二十一世紀的「思想地圖」〉，《靈性復興》的譯者龔卓軍也寫了導讀：〈現代理性的尊嚴與危機〉，這兩位對肯恩・威爾伯顯然都十分了解。我因為外文不行，肯恩的十四本著作，國內只翻譯了三本，分別是《恩寵與勇氣》，《靈性復興》和《事事本無礙》。《事事本無礙》還是節譯。透過翻譯來看他的著作，實在是不敢說自己了解，或著是全然懂得了他的學說。這篇文字勉強只能算是讀書報告。肯恩・威爾伯博大精深，若仿那句：「站在巨人的肩頭觀看」來形容，閱讀這三本書，於我其實是「趴在巨人的身上爬行」，很有種瞎子摸象的感覺，不知自己摸到的是哪一個部分。

三本書裡，最容易看的是《事事本無礙》，最好看的是《恩寵與勇氣》，最難懂的是《靈性復興》。同樣的作者，在不同的書裡有了不同的面貌，除了題材不一樣，最大的關鍵處大概在譯者。

我猜想肯恩的著作不好譯，在《靈性復興》裡到處遇到讓人「打嗝」的字句，那些名詞都要讓人想很久。什麼「集體內在象限」，「個體內在象限」，「巨巢」，「存有巨鍊」，「階層序列」，「子整體階序」……閱讀的困難度跟賽斯的信息書有拼。然而賽斯書畢竟寫的是我們經驗以外的事，我們誰也沒像賽斯一樣活了又死死了又活並且保存所有輪迴的記憶，賽斯書的難懂有點像男人不懂女人生孩子有多痛一樣。但是肯恩說的明明是我們這個世界的道理，讀起來這麼這麼困難，像兜迷宮一樣，轉兩三頁之後，我就忘了我是打哪兒來的，要去哪裡，以及在這裡幹嘛。尤其肯恩非常愛用圖表，三本書裡都看到他的列表，似乎，至少應該是，他以為列表會比較容易讓人明瞭，但是，我跟您報告，假如看文字還不能把人搞昏的話，看一下圖表您立刻就完全不明白了。在這種高深的程度上，肯恩很像是外星人。

但是《事事本無礙》就平易近人的多。譯者若水說他是為了「中學以上的讀者寫的入門概念」，因為是入門書，清楚易懂，看這本書，對於肯恩所闡揚的整合理論可以有一個大略的了解，但是，要看他的真本事，要看他旁徵博引，上天入地，還是得看別的，像《靈性復興》，雖然這本書很……很……很不容易讀，但是對肯恩．威爾伯有多少興趣的，就實在不容錯過。

《事事本無礙》寫的是融合，無分別心，師法自然，還有簡單的靈修方法。可與《恩寵與勇氣》對照參看。《恩寵與勇氣》是崔雅的死亡之書，這本書被許多人談過了，內容我不再贅述，但是，內中有不少靈修的實例，頗值得參考。

凡是靈修或新時代書籍，往往被當作成長書籍，但是其實它的層次要更深沉許多。肯恩．威爾伯是「新時代」的大師，國內似乎應該引進更多他的著作才是。

有限制也有恩賜

——記《時鐘的眼睛》

克里斯多夫・諾藍是個腦性麻痺患者，《時鐘的眼睛》是他的自傳體小說。在書裡，他化身為約瑟夫・麥漢。除了主角的名字，我們有理由相信其他的一切都不是虛構的。約瑟夫・麥漢與克里斯多夫・諾藍一樣，十四歲開始寫詩，並且得了兩個文學獎，之後，十六歲出版了詩集《夢幻爆裂》（*Dam-Burst of Dreams*），受到各方讚譽，論者將他比擬為少年喬哀斯。

以作品論作品，克里斯多夫・諾藍可能是第一個可以廁身文學廟堂的殘障作者，他文字的敏感、精確與豐沛的想像強度，已經超越了殘障文學的書寫，得以與大師們平起平坐。他的文學天分，即算在正常人中間，也是要讓人眼睛一亮的。

《時鐘的眼睛》情節異常簡單：一個年輕人因為自己的興趣與嗜好受到社會注目，

因此成了名人。除了主角是個殘障者，這經歷並無出奇之處。全世界充滿了這一類的成功故事，而約瑟夫・麥漢除了流口水和不時痙攣抽搐之外，他也只是個普通男孩，生活在家庭和學校之間，有限制，也有恩賜。

諾藍的故事其實和《五體不滿足》的作者乙武洋匡很像，他們的幸運都來自於家人接受他們「自身現有的模樣」。因為家人的肯定，造成他們在同儕間的自信。若思考到許多好手好腳的孩子，會因為自身性情或不合父母的期望而被家人排擠，就可以了解這種單純的接納有多麼難得。諾藍的父母同樣讓他接受普通教育，而他的同學和師長們，有人幫他，也有人欺負他。他面對的世界並不特別冷酷或特別溫暖，簡言之，和我們每個人的世界一樣。

這使我覺得，「平視」其實是父母愛子女最好的方式，接受他自有的模樣，讓他展現他自己，那麼他自然能發揮他的天賦。無論對「不滿足」的人，或健全的人，其實都一樣。

漂流的星球

記憶是非常個人化的東西。我們自以為正確的記憶，時常是經過虛飾和扭曲的。關於我的眷村記憶，亦復如此。

兩年前，我回到眷村裡的舊家。距離我十六歲離開這裡，已逾三十五年。這三十五年中，我始終記憶著的，我從四歲生活到十六歲的舊家，在三十五年後，並無改變。我父親親手砌的圍牆，牆頭的鏤空花磚，紅色的對開木門，院子裡的橢圓形花圃，水泥小道，甚至我父親手植的茶花……。

拜等待眷村改建之賜，一切保持原狀，這原狀與我的記憶密合到不可思議的程度，甚至連茶花，都並沒有長得更高或更大；時空在此以奇妙的狀態重疊。身在過去的空間裡，我迅即回到從前，成為當年的十六歲女兒。當年之所以離開舊家，是因為父親去世，而返來的女兒，已經比當年逝去的父親年紀更大了。

在記憶裡，這棟狹長的屋子，分割成四間小房，我十歲的時候，父親在屋後加蓋了一間自成門戶的大房。這間房子最初是父母親居住，後來為了貼補家用，租給了成大的學生。其中一名後來成為我父母的義子，直到現在仍有來往。

這房子後來在我的小說《今生緣》裡，成了主要人物陸智蘭一家的居所，有十五萬字的情節在這房子裡進行，我在小說裡建構我的回憶，借給書中人使用。整整一年，我的舊居成為心靈之家，我和我的角色在其中進出，我的記憶完整而且鮮明，而且，我以為是正確的。

這次回到舊家，我發現存在我記憶中的，後院的屋頂陽臺原來是不存在的。並且，不是四個房間，是三間。我同時面對了我記憶的不正確和符合著我的記憶的現實。而我的記憶，究竟是以什麼標準來扭曲我的過去呢？存留的是為什麼被存留？而遺棄的又為什麼被遺棄呢？

關於眷村的記憶，或者說，一切在歲月中被中阻的事物的記憶，我想都有這個問題，所謂的真實，往往只是有限的真實。而每個人又各自擁有不同的真實。

我對眷村一直有種浪漫的親切和孺慕，可能跟我尚未成年就離開眷村有關。那種年紀看世界是透過自己的生活狀態去看的。我自己的原生家庭幸福美滿，父母親給的關愛比限制多。我沒吃過眷村生活的苦，只享受到眷村生活的好處。做任何事都有同伴，那時候好像任何地方都會有村子裡的人。你認識他們，他們認識你。這認識而且不是只對你個人，是包含你的父母，你的兄弟姊妹，你的背景。因為生於、活於眷村，我們從小就不是nobody。在那樣的年紀，我們覺得「全世界」都認識我，而我也認識「全世界」。

後來遇到了一些人，聽他們講起眷村，發現他們體認的眷村和我的認知不一樣。有個朋友是這樣形容的：「眷村是長了毒瘤的母親。你不能不愛她，又不能不恨她。」年長之後，與我母親談舊事，很奇怪，她的回憶與我完全不同。她對眷村的回憶盡是苦楚。

眷村的生活沒有距離，對孩子而言，我們像是同時擁有許多的父母親與兄弟姊妹，我們常常吃在別人家裡，睡在別人家裡，自己的事被當作眾人的事，可以向每個人求助。但是對大人而言，這種生活表示沒有隱私。眷村裡串門子是隨時隨地可以行之的，家家門戶大開，除了晚上睡覺，沒有人關門。甚至也有人晚上開著門睡。我小時候最有趣的回憶之一，就是在中午大人打中覺的時間到每一家去看人睡覺，那真是千奇百怪，無奇不有。我樂趣的來源，卻也是許多人最大的痛苦。眷村最多的是流言，每一家都有真實的和捏造的故事。大家在茶餘飯後傳來傳去，加油添醋。而傳言往往又反轉來影響生活。

在眷村裡，萬一不幸成為了被評估的對象，日子是非常難過的。而村裡的三姑六婆最大的生活樂趣就是散播流言。

這種生活氛圍跟某些南部小鎮相仿。但是眷村的不同是人與人之間因為財產或地位所產生的階級來不及建立，又缺乏對於土地的共同感情。眷村裡人從四面八方來，除了別鄉背井，一無所有，全無共同處。而一無所有又容易產生一種悍然的理直氣壯，因為沒有什麼會失去。眷村的人全都失根，被截斷了移植到他鄉，某種程度的扭曲和變形幾乎是必然的。眷村子民的「無著落」感，可能要幾代才能夠消除。我們之所以強，之所以弱，其實都由來於此。

而悲哀的是，這是獨一無二的命運，從前沒有過，未來不會有。因此，眷村的經驗既不能承先，又無法啟後。眷村子民存在於歷史洪流中，每個人都是漂流的星球。

情書四說

語云：「愛情是男人的一半，卻是女人的全部。」

我認為這句話至少有一半是錯的。我知道有許多男人，愛情非但不是他的一半，有沒有占到百分之五都有問題。在男人的生命裡，愛情比不上歐洲杯足球賽，比不上政治，比不上工作，比不上他的愛車，他的高爾夫球桿；比不上他的兒女他的父母，比不上下班後回家前的五小時鬼混，比不上他跟哥兒們的活動和扯淡……這是假設他的愛情與女人有關的話。如果他的愛情對象碰巧是同性，那麼對兩個人都不成問題，這說不定是現在男同性戀比較「蓬勃」的原因。

男人對愛情的興趣和注意力大半只在他的第一次性行為之前，之後他們就注意另一件事了。所以坊間的愛情書大半都是女人寫的，也大半是女人看的，女人如果不是愛情專家，至少也是大宗消費者。但是在兩性大和解的時代，男性終究也開始注意起「女人的全部」了。我們終於有了男性作者來為我們寫關於情愛的書。然而由於男人天生的科學傾向，在女人是戀愛，在男人便成了研究戀愛。

這次的四本主題書，除了徐志摩的《愛眉小札》略有那麼點熱情如火的意思，其他的三本都非常的學術化。與女性同胞所能理解的生死以之，纏綿悱惻，蕩氣迴腸的愛情很有些距離。羅蘭．巴特的《戀人絮語》是辭典，蔡詩萍的《你給我天堂，也給我地獄》是論文，蔣勳的《寫給 Ly's M–1999》則是遊記。

羅蘭．巴特在臺灣的知名度，完全是靠《戀人絮語》打出來的。關於這個人，《戀人絮語》的譯者汪耀進有一段非常隆重的介紹，原文如下：「馬克斯、沙特思辯的印跡，布萊希特和索緒爾理論的折射，克麗絲特娃和索萊的方法論火花，德希達深沉隱晦的年輪，尼采的回聲，佛洛伊德和拉崗的變調，在巴特筆端融合紛呈。」很顯然，需要用這麼多名人來「解釋」的名人，一定是超級名人。雖然這一大堆人名對於我們了解巴特的好處起不了什麼作用，但是對於背書巴特的偉大性卻是無庸置疑的。

臺灣《戀人絮語》出了兩個版本，我推崇的是桂冠出版的。這本書的編排完全依照法文版體例，形式素樸、典雅。就閱讀趣味而言，大陸譯者某些異於本土譯者的用字措辭，形成一種特殊的忸怩，這種亦曖昧亦迂迴的拘謹魅力，正貼合巴特記述愛戀的文本。

巴特在二十多年前出版的這本書，可能是第一本「辭典類」文學書。他以一句詞語帶出數段相關的散文敘述，有些相關，有些不相關，有他的閱讀經驗，也有他的自身體會。巴特不愧為符號學大師，顯然對文字比對事實的興致大的多，他的人生，在書裡被約化成詞語的解說與延伸，似乎沒有溫度和氣味。也只有男人能這樣不動情的來表達愛情，令人嘆為觀止。

為了不讓讀者誤會這本書的價值，我一定要說，這是本了不起的書，只是，對於感情問題，它是一點實用性也沒有的。

蔡詩萍從《三十男人手記》以降，便樹立了他的多情男子形象。近年來在報章上大量出現的「書情」文字，憑良心說，某些篇章寫的相當深刻，一掃我從前對他的濫情印象。而對於男子在愛情裡的柔軟與無賴和無奈，他抒寫的動人處比前輩詩人沈臨彬的〈黑髮男子〉不遑多讓。

由抒情而議論，說來也是水到渠成。這本《你給我天堂，也給我地獄》寫的是蔡詩萍對「愛情」這檔事的意見。表面上在討論名人的情書，骨子裡是在書寫愛情的不同面相。這面相，真正在經歷著感情的時候，反倒混淆模糊。這也許是女性不能做這種書寫的理由，我們沒法子同時是解剖刀，同時又是檢體。《你》書有一種奇怪的興高采烈，對於愛情裡的或好或壞，蔡詩萍一律是「歡喜承，甘願受」，從書裡看來，愛的時候，天堂與地獄一體。天堂雖未必是地獄，地獄卻的確是另一種天堂。對於愛戀的樂觀進取，真是莫此為甚。

而蔣勳《寫給 Ly's M–1999》，相較之下，哀愁許多。書一開始，便是對一段戀情的告別。走到了最後一章，這告別終於收束，卻未必能夠結束。這趟告別之旅，讓蔣勳走了半個世界。那已然訣別的情人在他肩上的行囊裡，在每一段風景出現，所有景觀的意義都與兩人的感情歷程有關。帶著逝去的愛去旅行，真是悲傷的事。夏宇曾有句云：「記住是為了遺忘」，而蔣勳的離開是為了留下。他讓自己注視歷史，注視古蹟，讓悲傷昇華。而「昇華」這字詞在這裡讓我覺著了它的「勉強」性，似乎是要拼命去達成的。在所願不遂之後的不得已的選擇。其實荒涼。

在梁錫華所編的《續愛眉小札》出版後，我們發現《愛眉小札》原來是童話故事，收尾於「從此，公主和王子過著快樂的日子。」而「從此以後」的故事，我好奇最近的出版商有沒有讓它出土？在《愛眉小札》之後，公主下了戲，王子沒有。志摩繼續浪漫，而小曼開始落實於生活。照書裡的記述是「大煙照抽，戲照看，舞照跳。」志摩為了維持公主的生活水準疲於奔命，最後死在免費機票上。這可見浪漫一事，如果對方不跟你配合，真的是致命的事。

夏日炎炎，閒來無事，看看別人的情事。祝各位熱情如火。

祕密英雄

——記哈利波特

哈利波特剛出生就父母雙亡，他的阿姨被迫收養了他。從出生到十一歲前，哈利的生活是這樣的：他住在一個舊碗櫥裡，與蜘蛛和蟑螂為伍。而同樣居住在這屋子裡的阿姨、姨父和表哥，對他完全視而不見。他的生活守則是：「不准問問題！」和「回碗櫥去！」他的活動是在表哥和同伴拿他做練拳沙包時，用跑百米或跳高跳遠躲過。他吃什麼穿什麼，完全要看那大他一歲的表哥剩下來什麼。他是討厭鬼，累贅，廢物，消失了比存在更有價值。哈利之所以還活著，唯一的原因大概是他年紀太小，不明白這種悲慘人生不值得存活。

然後，在他十一歲生日的時候，他收到了一張魔法學校的入學通知。從此一切都改變了。

他發現自己是魔法國度裡家喻戶曉的傳奇英雄，全世界都認識他，仰慕他。他天資非凡，超越所有人。他有一對了不起的父母，在魔法世界裡受人景仰，雖然已經過世，卻給他留下了一大筆遺產。他一夕之間成為有財富，有能力，有名氣，受重視的人。在這個世界裡，師長喜歡他，朋友不如他，敵人拿他沒有辦法，問題都是他能解決的，心願都是他能達成的。換言之，哈利波特來到了一個為他量身打造的世界裡。

當他學期結束回到家裡的時候，雖然面對的仍是那個看不上他的舊環境，但是哈利不怕，他知道他其實是個祕密英雄。

《神祕的魔法石》是哈利波特系列的第一本。關於這本書的暢銷，很多人談到J. K. 羅琳描寫的高妙，想像力的豐富等等，這都是實話。但是，若不是這樣一個「美夢成真」的架構，這些描繪可能無法產生這樣大的力量。

哈利波特的故事，其實切中我們人人內心深處最奧祕的願望，我們都希望自己其實比別人所看到的，或自己願意認知的那個自己更優秀，更有價值。而這件事如果是個祕密，又比它是人人知道的事實更有用處。古時候皇上微服出巡，在關鍵時刻現出貼身皇袍；和現代的土財主因為行員不敬，索性買下整座銀行的故事，過癮處都在這裡。

一種祕密能力，因為無人知道，而尤其顯得強大。相形之下，現世的自己只是偽裝，而所遭遇的一切可以不必介懷，因為對方不知道真正的我們是怎樣的。當我們是祕密英雄的時候，全世界在我們面前都矮了一截，因為敵暗我明，因為我知道的你們不知道，因為只要我願意，我愛怎麼對付你就怎麼對付你！哈利波特的迷人處，是使我們在對角色認同之時，進入了這樣一個有權力的世界，成為了祕密英雄。

自然，由於哈利波特的暢銷，J. K. 羅琳是第一個「美夢成真」的人，我相信，當J.K.羅琳在咖啡館裡寫作時，支撐她的，正是這個「哈利的祕密」。全世界無人知道，只有她自己明白，在這世界裡的某個國度中，她其實是個祕密英雄。

柔軟也是一種力量

——記《內在英雄》

把卡蘿・皮爾生(Carol S. Pearson)的《內在英雄》，與坎伯的《千面英雄》對照來看，看到的不但是兩種「英雄演化過程」，也是兩性與兩代，對成長課題看法的基本差異。《千面英雄》是哲學書，《內在英雄》卻像是學習成長的工具書。書後不但附有「自我測驗」，「進階練習」，還有一份「匿名戒酒會的十二步驟」。奇妙的是，這份步驟清單，非常貼合全書要求我們所做的練習。事實上，這十二步驟適用於每一件事，你只要把第一步驟的「酒精」，和最後一步驟的「酒鬼」兩個字眼做相應的代換便成，例如：「美食／胖子」，「性愛／色鬼」，「工作／工作狂」，「謊言／騙子」，「偷竊／小偷」……以此類推。

卡蘿點明了她這本書的寫作受到坎伯的影響。在《千面英雄》中：「若非假定英雄是男性，便是把英雄和英雌混為一談」，坎伯這種忽略女英雄的作法，卡蘿並無意用女性主義觀點來糾正他，她想談的是：所謂的「英雄」，從女性觀點，以及現代人的觀點來看，可以是怎麼一回事。

兩本書的寫作差了二十年，在《千面英雄》的時代，英雌的定義是「女的英雄」，女人在創造自己的過程中，要像男人，要依男人的標準，要學男人。到了《內在英雄》，卡蘿要我們正視柔軟也是一種力量，不必要屠龍才是勇士，與惡龍和解，甚至去撫慰惡龍，與惡龍結成連理，都是勝利。新時代的英雄之路並非向上或向前，而是一個環形，你可以上可以下，可以前進可以後退，而每一個關卡互為影響，每個過程都是重要的。

在《千面英雄》裡，目標只有一個，並不會變化，雖然坎伯也同意英雄之路裡重要的是過程而非結果，但是追尋者的心情很篤定，知道自己該「完成」什麼。而《內在英雄》裡，追尋英雄之路的過程是一個不確定的圓，隨時隨刻都在變化，重要的不是「完成」什麼，而是豐富和擴大這個圓的能量。

這個圓，如同坎伯把人性的本質附麗到英雄傳奇之上，卡蘿也同樣把它當作是人格發展的全過程。她把這個圓分成六大等分：「天真者」，「孤兒」，「流浪者」，「鬥士」，「殉道者」，「魔法師」。這六個階段代表不同的人格原型。簡單來說，「天真者」是寵壞了的孩子，以為整個世界是為他存在的。「孤兒」則相信全世界都要陷害他。「流浪者」特立獨行，除了自己什麼也不相信。「鬥士」服膺「槍桿子出政權」，隨時都在準備打天下。「殉道者」則決定要為全世界犧牲。「魔法師」卻能無礙的在前五種性格之中遊走，像變色龍一樣變換處事之道。

自然，卡蘿在書中把「魔法師」當作最終的圓融人格。到達「魔法師」的境界時，人格完全成熟，會像孔子所說的：「從心所欲而不逾矩。」但由於「魔法師」包含其他五種人格，所以事實上，卡蘿也等於肯定了我們天性中或好或惡的每一部分。

這種把優點和弱點等量齊觀，同意兩者對我們的人生都有正面作用的看法，是十分「新時代」的。而卡蘿的女性聲音更貫徹全書，例如她把學習過程闢解做裝修房間，而所有人格面對的人生處境裡都有兩性間的難題。她呈現的英雄之路不是對外的擴張，而是內造的過程。對於生命中種種橫逆，卡蘿建議我們選擇接納，而非抗拒，她認為：把它當作是一場英雄的「試煉之路」，要比相信自己愚蠢，或是悲嘆生命的不公平要來的有尊嚴。「當我們將困難看成是人格發展旅程的一部分，那麼某些痛苦可能會減輕。我們可以對這個過程懷著敬意，並以自己是個演進的生命為榮。」

假如林徽音不認識梁思成

對所有徐志摩的崇拜者來說，梁思成是個完全多餘的人物。不是反對他這個人，而只是，他很可以晚幾年，或者早幾年出生，或者他父親可以早早的為他定下另一門親事，比如張家的幼儀，或是陸家的小曼，就是不該讓他跟林家的徽音湊在一起。

如果沒有他來「攪局」，周迅不就跟黃磊，不，徽音不就跟志摩配成了一對嗎？這樣徐志摩也許就不會早死。別的不說，林徽音絕對不會抽大煙。雖然她身子骨不比陸小曼強到哪裡去，但是她的興趣是中國古建築，成天在野外走路運動，顯然沒時間窩在煙榻上，因此也就絕不可能認識什麼翁瑞午（就是後來陪小曼過了下半生的那個）。另外，她又會教書寫詩賺錢養活自己，假如徐志摩娶的是她，有人分擔家計，生活不會那麼窘迫，也就不至於坐免費飛機來回北京上海之間，最終撞山而亡。

事實上，由於徽音喜歡四處跑，探查古蹟什麼的，那個成天坐飛機高來高去的，還比較可能是她。這也就是說，如果中國文學史上，注定要有一個死得驚天動地的詩人的話，那個人很可能姓林，而不姓徐。站在惜才的觀點，我們當然覺得徐志摩活久一點比較好。而且，以志摩的浪漫多情，後頭一定還有不少纏綿悱惻的故事，哪像林徽音，就這麼心無二志的和梁思成「一路行來，始終如一」，實在是太……太……太乏味了嘛！辜負了她的絕世才貌。

如果不是費慰梅出了這本《林徽音和梁思成》，我們這遺憾大約會維持很久，對梁思成的偏見也會維持很久。這本書讓我們了解林徽音與梁思成才是天作之合，當年她拒絕徐志摩，現在看來，原因很簡單，只不過是心中已經有了人。

事實上，不像一般想像的，由於雙方家長的開明，徽音與思成在婚前已經見過面。那時候徽音十五歲，一年後才遠赴倫敦迷得徐志摩神魂顛倒。在兩個年輕人見過面之後，梁啟超說明了他的態度：雖然雙方父親都贊同這門親事，但是「最後的決定還是在他們自己」。

在定親之後，和結婚之前，兩個人有許多時間相處，而梁任公甚至還為這一對準夫婦製造機會。一九二三年，思成因為騎摩托車出車禍，住院八星期，徽音天天去看他。書中描述：「徽音每天下午都坐在他床邊，熱心的和他說說話，開玩笑或安慰他。年輕一代的這種行徑，讓梁母感到震驚，心想，這成何體統！」而在這時候，梁啟超口述思成的病況，並要徽音記錄下來，寄給思成的大姐，化解了梁母的疑懼，也籠絡了對迎娶徽音一直很有意見的大姐。梁任公的人情練達不但在文章中，也在生活裡。

這一對夫妻在各方面都是旗鼓相當，兩個人同樣心懷大志，又同樣的不屈不撓。在這本書裡，一個非常重要，卻不言語的角色就是中國古建築。中國古建築不但是兩個人的興趣與工作，已實實在在成為他們生命的底色。書中許多部分是他們四處尋訪古代建築的經歷，和對於中國建築的看法。這兩個人是靈魂伴侶，有共同的喜好，又在這喜好中成長。

思成二十二歲那場車禍，使得他終身殘疾。他的兩腿長度不一，必須跛行，而脊椎傷害也讓他必須穿著一種特製的金鋼馬甲。徽音也好不到哪裡去，她始終為肺疾與哮喘所苦，而這一對絕對談不上健康強壯的夫婦，卻走遍大江南北，蒐集了中國古建築的材料，寫出了圖文並茂的《中國建築史》。這本書的份量，我相信直到現在仍無人能及。

書中描寫徽音和思成寫作《中國建築史》的情景令人動容。

徽音那時臥病，但是只要坐得住，就會起來翻閱資料為這本書做種種的潤飾和補充。

而思成工作時，「他的頸椎灰質化病常常折磨得他抬不起頭來，他身穿馬甲，下巴倚在一只花瓶上，伏案作圖。為的是利用花瓶這一支點，承受頭部的重量，以減輕背脊的負擔。在畫圖時，要不斷調節花瓶的位置，以便繼續工作。」與他們的艱苦卓絕相比，徐志摩的才情風流忽然顯得全無份量。在《小腳與西服》中，張幼儀自敘徐志摩說他要和幼儀做「中國第一對離婚的夫妻。」這志願和徽音與思成相比，是多麼的荒唐渺小，又多麼的無意義。

林徽音的美自不待言，但是這本書裡我們看到了她其實也是個很活潑有趣的人。她寫給費慰梅的信件極其幽默溫暖，而思成和金岳霖在信上的附筆，可以看出他們的家居生活其實是很親近和愉快的。

最初是徽音影響思成去學建築，但是兩個人並肩走到了最後，思成留下了無數痕跡，徽音卻是除了與思成共同掛名在《中國建築史》上之外，幾近全無成就。

梁思成曾經在二次大戰後受邀到美國去參與聯合國大廈的設計，共黨建國之後，又參與設計中共國徽和天安門廣場。清華大學建築系更是他一手創設的。而無論是志氣是智慧都不輸他的林徽音，卻把大多數的時間和精力花費在照顧家庭上。她在給費慰梅的信上訴說她在親戚與佣工之間疲於奔命，語雖輕鬆，情實悲慘。林徽音在她的時代裡已經算是幸運的，但是這麼一看，她仍然是生不逢辰。

與這個世界相處不了的人

——記《神交者說》

我曾經見過虹影一面。

當時她來臺北，文友們聚在一家小酒館裡聊天。那時還沒看過她寫的書。對於一個陌生人，只從言語形貌上來認識，往往會有奇妙的理解。虹影那日給我的印象是單純，充滿好奇，非常爽朗和有趣。她愛笑的不得了，每一件事都要問，動作慢吞吞的，卻充滿興味的看過來，又看過去。

她是大陸作家，與我所見或已知的大陸作者的「形象」很不同。大陸作家，經歷了文革，存活下來了，又創造了自己的人生，都有一種理直氣壯。他們背後都背著極龐大的什麼，所以強悍的理直氣壯著，或者溫柔的理直氣壯著，也或者只是無所謂的理直氣壯著。

但是虹影都沒有。

她人細小，顯得異常單薄，一切的單薄。無論是外表，說話的聲音，那微笑，那好玩的看著周遭的神情，都寒弱到極點，讓人覺得她像隻貓，一隻讓人雨淋壞了的，渾身毛濕答答的貼著皮肉的，骨嶙嶙的貓，然而又沒有那種可憐相。她的形貌和她呈現出來的氣韻完全是分離的。

《神交者說》是我讀到她的書的第一本。幾乎又是同樣的感覺。她敘述的故事那麼的慘烈，扭曲，荒謬，古怪，但是虹影的文字簡潔，乾脆，不帶情感。

她的筆調有點近乎口供似的，列條把經歷一一寫出來，把感情一一寫出來，把人的環境，把人正在做什麼事，一一寫下來。分明是很清楚；你知道那人上一刻在做什麼想什麼，下一刻要到哪裡去，要做什麼想什麼。這樣教科書一樣整齊的，秩序的列出來，卻反倒造成一種惡夢似的混亂感覺。

故事的主角要做作家，後來也成了作家。她整天在寫作，寫作這事對她彷彿是不用去思考，也無須掙扎的事。作家像喝水一樣的在寫作，也像喝水一樣的面無表情，不動情緒。任著強暴，凌辱，欺騙，逆倫，犧牲，無聊，罪愆，瘋狂，流水一樣經過。作家錄口供一樣地寫下來，寫完了去喝水。

她寫的其實不是可怕的故事，而只是無情的故事，是跟她自己分離的故事。因為她這樣冷漠，自持，自私，絕對不受傷害。因此我們知道，她內在有一個傷口，從來沒有癒合，也永遠不會恢復。

在後記裡，虹影描述她曾經在住家附近看過一隻漂亮的紅狐，經常在她的花園裡一閃即逝：「她是從另一個世界來的。那兒，一切和這裡不同，那些鬼怪實際上都是與這個世界相處不了的人。她們彼此性情相似，不必用人造的裝飾包裹起來，一人擁有一個小小的島。」這顯然是曲筆在寫她自己。

封面上的人也是她自己，紅狐似的，有種隨時要閃開的表情。這世界於她是流離之地，她沒有來過，也沒有離去。

在惡夢的星球上

——記《戴爸爸的頭》

貝瑞・約克魯(Barry Yourgrau)這本《戴爸爸的頭》是一本難以界定的書。它不完全是極短篇，又不完全是中篇或長篇。它的意象像詩，結構像散文，內容像小說。勉強要做定義，那麼我要說它是一本用惡夢組成的家庭故事。

這個家庭故事的怪異之處，不單是他描繪了許多超現實景況，也因為這一家人的疏離和對待彼此的漠然無情，甚至殘酷。

這個家庭裡，有父親，母親，有孩子。但是這些角色並不必然是他們該有的樣子，孩子有時候非常小，有時候非常老，父母親亦然。他們被貝瑞以文字變形，成為符號，有時甚至不具備這符號的原生意義。只是被命名為「父親」，「母親」，或「孩子」的個體。他們彼此間的唯一一種關係，就是生活在一起，而這種生活也絕非美好或令人欣喜懷念的。

貝瑞往往以簡單平靜的敘述開場：

「我有一個保存父親的瓶子，他去世之後回來，變成一個鬼魂般的縮影，裝在瓶子裡。」（在瓶子裡）

「有隻蚊子叮了我母親，她立刻離奇的腫大，最後竟然飄了起來，抵在天花板上。」（蚊子）

「父親在竊笑，他已變身成一個女孩，原本光禿的頭上長出金色的捲髮，粉紅色的毛衣隆起在他結實胸部的那道溝上。」（成人）

「我們家鬧水災，水幾乎升高到天花板，我們在餐廳裡游泳，餐巾就飄在我們的頭下，我們未用完的食物則在周圍打轉。」（水災）

書裡有各式各樣的惡夢景象，你最不願意遇到的情況都在，翻開了書，它就在那裡，沒有結束，也沒有開始。

對作者奇詭的想像力嘆服之餘，也不禁會好奇，是怎樣的成長歷程，使得他寫出這種每一篇章都需要精神分析的作品？某種程度上，貝瑞也是星球上的小王子，只是這是一座惡夢星球。閱讀它有點像坐雲霄飛車或看恐怖片，不是為了經歷這些經驗，而只是為了知道：我們幸而不必有這種經驗。

生命回頭帶我玩耍

我有個較我年長的朋友，比我早幾年進入更年期。那段時間，我們簡直拿她當外星人，每當她說「那種話」的時候，我和其他朋友就交換會心的微笑，意思是：又來了。所謂「那種話」，是她對自己的身體似乎特別敏感起來。那種敏銳，在一個有了年紀的女人來說，似乎是可笑的。她曾說到：如何只是以雙手撫觸著自己的雙頰，就能知道自己是胖了或瘦了；吃多了東西，就能感覺到全身血液那不正常的流動；而嗅覺也變得特別的敏銳，她所形容的氣味有形有狀，聽起來像講童話故事。有些氣味是柔軟的，有些氣味是堅硬的；有些氣味薄，有些氣味厚……我相信若問她那味道的性別或長相，必定也是問得出來的。

後來我也進入了更年期，我忽然發現：她的話都是真的！

我從未想到過，這使用了半生的身體，已經習慣了一輩子，現在忽然變成「別人」，不聽使喚了。它不再像過去那樣默默無言聽憑我使用，我好像不認識它了。以往可以相安無事的對待方式，現在都行不通了，它現在脾氣大的很，我稍稍不如它的意，多吃多喝了點，多吹了風，多走了路……它馬上讓我好看。我常常發現自己起床的時候「面子很大」，或者坐了一陣子之後，腿「消失」了；人家熱的時候我冷，人家冷的時候我發汗，我不喝酒臉自紅，喝了酒反倒「面如冠玉」，聽到的聲音聞到的氣味我都可以做兩千八百種分類，我體會得到喝下的水從食道往胃往大小腸灌流的感覺……我朋友的「特異功能」我現在全有了。

西班牙女作家羅莎．孟德羅（Rosa Montero, 1951–）說：「四十歲是發現庸俗與平乏的年紀，因此，女人四十是另一個新生，另一個青春的開始。」

與世界和生命對抗數十年，而依然存活，顯然是經過了無數的妥協和退讓而來的，當然不能自免於庸俗。而於女人，四十歲尤其是個臨界點。一般而言，在女人的三十九歲和四十歲之間，至少有十年的距離。但是四十歲和五十歲差別就不大了，進入五十歲，其實比四十歲更像是進入新生，世界開始以另一種風貌出現。

我感覺自己每天都在變化中，這變化，也許就叫做「老化」，但是，不可否認，那是全新的經驗，帶給我奇瑰的想像。像每天起床後開始閱讀的前十分鐘，所有的字體會像螞蟻一般在我面前跑來跑去，要好一陣才「立正」站好，供我閱讀。像我所有的衣服都開始越來越大，越來越長。又像自己的臉像忽然成為不固定的東西，會流動和變化；我多次發現睡足了覺和熬夜過後是兩張臉。而連聲音也開始變化了，多年以來，我終於有了「成熟」的聲音；當然，是在某些時候。

就彷彿生命回頭開始帶我玩耍，要讓我在逐漸老去的時候回復成孩子。那麼，在死亡的時候，如果不能變得比較智慧，至少可以變得比較純真。

六百頁的喃喃自語

——記《新罕布夏旅館》

好作家有兩種，一種是可以追隨可以預料的，另一種則否。前者如張愛玲，錢鍾書，他們好在範圍以內，絕不會讓人失望，也不會讓人驚奇。後者，就是約翰・厄文了，看他的東西，有如走迷宮，從來都沒法預料撞上來的會是什麼。

一九八二年，我在愛荷華的時候，約翰・厄文在大學裡有一場演講。因為出國前看了他的《新城舊夢》（皇冠版的《新罕布夏旅館》），所以對他有點印象，看到門口看板上寫著"John Irving"，就擠進人堆裡看。

當時厄文正當紅，小演講廳裡擠得水泄不通，少說也有一兩百人。我擠到了距他有十來步遠的位置，剛好可以看到厄文的臉孔和神情。因為外語能力不佳，其實只是去感受一下「外國人崇拜作家」的氣氛。待了約兩分鐘，就又從人堆裡擠出來。

那短暫的時間裡，對厄文的印象可以說淡薄到不存在。只記得他一頭金髮，連相貌都沒看清。他坐在一張高腳椅上，垂著頭，並不看觀眾，喃喃在說什麼，聲音也很低，實在不像是在演講。我後來自顧自猜測他大概是在朗誦或者背什麼東西吧。

看完了《新罕布夏旅館》，我忽然想起了厄文那場演講裡的樣子，看來無論有沒有人群，他都只是在對自己講話而已。《新罕布夏旅館》是一段長達六百三十五頁（中文版）的喃喃自語。因為是喃喃自語，所以他有點說到哪裡算哪裡，事件重不重要由他決定，合不合理由他決定。甚至，道不道德也由他決定。

我在看這本書時，對於厄文的……怎麼說，我想用「無道德」三個字，但又覺得他其實還超越這一點，或者該說「非關道德」。厄文書裡的角色，所作所為之肆無忌憚和無拘無束，令人震駭。但是厄文的描寫卻非常的簡潔平淡，讓人不知所措。我現在了解那是對自己的喃喃自語，在向內面對自己的時候，是超越是非對錯之外的。

《新罕布夏旅館》寫的是貝里這一家人的故事。實在是不大了解名門閨秀的母親和念哈佛的父親，為什麼會養出這麼五個驚世駭俗的孩子出來。老大法蘭是個變態，還不滿十歲，就知道自己是同性戀。他無師自通的學會一手標本剝製技術，出神入化的程度完全超現實，據書裡的描寫，他剝製的標本，由於太逼真，活生生嚇死了兩個人。老二芬妮是個比男孩子更粗野的女孩，她雖然長得天仙化人，卻完全是「瘋四與大頭蛋」的女性版，滿腦子色情暴力，還有一肚子不知從哪裡學來的髒話。她的倒錯狀態是全面性的，她用恨解決愛，用愛解決恨。然而又愛不得時，恨不得時。老三約翰，英俊，聰明，正常，雙性戀，不說髒話，每天鍛鍊身體，大體而言，作者是把約翰描寫成標準青年的。他沒有明顯的善惡傾向，但是卻毫不掙扎的暗戀著自己的姊姊芬妮。而老四莉莉，聰明，有才華，因為太想長大而永遠長不大。么兒蛋蛋，永遠隨身帶著家裡的死狗標本，要不是年幼夭折，難以想像他長大後會是怎麼樣的一個怪胎。

這一家人跟一頭叫「緬因州」的熊生活在一塊。熊在這裡頭是個讓人不知道該怎麼看牠的東西。最初的這頭熊像人類，會騎機車，甚至吃人類的食物，喝酒。但是後面的那頭叫做蘇西的熊，卻是個套著熊皮的女孩，蘇西自願做一隻熊，她像熊一樣吃、喝、行動，像熊一樣思想。

人扮熊這件事，讓人覺得似乎是有什麼深刻含意的；就好像那隻被剝製成標本的狗叫做「哀愁」，好像也應該有什麼深刻的含意；甚至莉莉長不大這件事，芬妮和她的強暴者的糾結，都讓人覺得內中存有一些，無以名之的，無法解釋的什麼。這種奇異的，既單純又神祕的狀態，我覺得是約翰・厄文最迷人的地方。他用萬花筒似的手法，敘寫著一個全無章法的故事，既無秩序，又無邏輯，完全不知道他要把你帶到哪裡去。

約翰・厄文在書裡描寫的最震撼的情節，是芬妮和自己的弟弟約翰亂倫的一段。這一段是這麼的不道德，但卻又這麼的順理成章，它自然到如果這件事不發生，我們會覺得少了什麼。之後，事情發生了，大家都鬆了一口氣，就像看著主角生完了一場大病一樣。約翰・厄文的敘寫竟能這樣簡單，潔淨，明朗，並且全無罪惡感，是我覺得相當厲害的，因此會想著，這個人腦子裡到底裝著些什麼啊？

村上春樹說：「Irving 是位本質上非常單純的作家，但由於太過單純，以致和這個不單純的世界產生了齟齬，反倒令人覺得他的現代性更加明顯。」我對厄文有相同的看法。他的獨特性是根源於他自己，而由於模仿是致敬的另一種方式，厄文的難以模仿，可能是他無法偉大的原因。

在時間之流中任意遊走

——記《輓歌》

我對阿茲海默氏症其實很有一些浪漫的看法，那是一種緩慢的「離去」，形雖在，而神已去。患者在一種「大遺忘」狀態中，如果不是親人不忍見，我想患者自己本身是幸福的。

在《輓歌》裡，二十世紀的金頭腦，傑出的思想家、哲學家與作家艾瑞絲・梅鐸罹患阿茲海默氏症的狀態，便符合我的浪漫想像。她的丈夫約翰・貝禮描寫她時時在出神狀態中，有時一整天不發一言，有時候卻不斷的重複相同的一句話。她像嬰兒似的，要人提醒她的吃、穿、拉、撒、睡。於阿茲海默氏症病人，「時間」是意識流狀態，她在過去、現在與未來間任意遊走，一小時可以無限長，而數十年可以只是一瞬。

受南方朔序文的影響，抱著這是一本「愛情史詩」的心態來讀，卻越讀越生氣。難怪一九九八年在英國出原文版時，會出現讀者的反彈。我從未讀過艾瑞絲的任何著作，對她沒有任何主觀的好惡，純粹就書看書，實難相信這本書裡的丈夫是摯愛著他的妻子的。

約翰・貝禮對艾瑞絲的描寫幾乎都是負面的，從他第一次在校園裡見到艾瑞絲騎單車經過，到透過介紹認識，貝禮眼中那個他「一見鍾情」的女人是這樣的：「擁有扁平的五官和一隻獅子鼻」，「她那一頭略帶金黃色的短髮絲，亂蓬蓬的覆在額頭上，看起來倒是挺健康的，雖然如此油膩」，「穿著一件老舊的、髒兮兮的蘇格蘭呢裙子，看起來太長，拖拖沓沓的頗不雅觀」，「兩條腿又粗又短，緊緊包紮在一雙褐色棉襪中」，「渾身上下找不到一絲性吸引力」。第一次約會時，艾瑞絲穿了一件「火紅禮服」，讓貝禮覺得心中悲痛，「因為那是任何女孩——沒有品味，不曉得如何選擇服飾的愚蠢女孩——都會穿的衣服」。之後他形容艾瑞絲如何頂著一個不搭調的女學生頭，滿臉白粉，嘴唇上塗著刺眼的「厚厚的，濃濃的」鮮紅口紅，在走進舞會場地時，踩到了裙襬，「登時滑了一跤，一屁股坐在地上」。然後，當天晚上，艾瑞絲主動勾引，兩人由朋友成了情人。

貝禮描寫艾瑞絲其貌不揚，不修邊幅，甚至看上去比自己的母親還蒼老，以至於婚事決定後，他母親在面對兒媳婦和親家母時，感到躊躇，因為：「她搞不清楚我娶的到底是哪一個」。但如此缺乏魅力的艾瑞絲，貝禮卻又深信她有混亂的性關係，同時吸引男人和女人。從書裡看，艾瑞絲闒闠不修，有無數情人，甚至在兩人關係底定後，還到倫敦去和她的老情人上床。結婚之後，艾瑞絲「懶得做家事」，「屋子裡亂成一團」，家具擺設上遍積灰塵，煮飯的次數屈指可數，貝禮貌似大度的說她應該把時間花在寫作上，卻又輕描淡寫的贅上一句：「我們需要的是一點自律，我們可以把做家事當作休閒。」

看到別人的書評裡，認同貝禮是幽默和深情的，實在要讓我懷疑是不是翻譯的問題，至少我自己看到的是尖酸，狹窄，矯情的丈夫，他的愛以那樣惡意和狡猾的形態呈現，實在令人厭惡，我若是艾瑞絲，我一定情願不被所愛。

關於寫傳記這件事，書裡呈現的其實不僅是傳主，也是寫作者。這本書中若有深情，我以為是落在艾瑞絲身上的。這樣不堪的男人，她居然忍受了這麼久。而她的病，就不僅止於是病，似乎也成為了逃離婚姻的方式。

思無邪的境界

——記《心塵往事》

圓神這次出版了約翰・厄文的兩本書：《新罕布夏旅館》和《心塵往事》。事實上，這兩本書皇冠在八十年代初期已經出過。皇冠版沒有圓神版這麼厚，現在知道原來皇冠版是節譯，雖然不知道譯者和出版社刪節的標準是什麼，但是當年看的時候，印象裡似乎並不覺得故事不完整，同樣的，現在重看，也沒覺得書裡多了什麼。為什麼會這樣，實在是難以解釋。厄文完全不合乎「增一字則多，減一字則少」的標準，他的書似乎怎麼看都可以的，你可以隨便找一章，就這麼看下去，絕對不會覺得漏了什麼。他的小說與人物自有生命，每個頁面和章節，都像是與我們在街頭擦肩而過的人，雖然只見到一瞬，但是已然自足完整。

最近介紹厄文的文字很多，大家都知道他原是有閱讀障礙的。我聽《新罕布夏旅館》

的譯者徐雋說，西方人的閱讀障礙，最普遍的一種就是老是讀錯字母的方向，類如“GOD”讀成“DOG”之類。厄文這種「逆向」閱讀的毛病，我深信造就了他某些能力。在厄文的小說裡，許多地方可以觀察到他「違背常情」的動人處，極為奇妙的是，在厄文的小說裡，最污穢處總是最美，最不堪處卻有一種特殊的浪漫。我在看厄文的書時，每每被他的這些描寫驚得啞口無言。

《新罕布夏旅館》裡是一個怪胎家庭，家中的每個成員都有問題，絕對不正常和變態，但是他們彼此之間卻有密不可分的關係，甚至密切到超乎「家人」關係之上。而《心塵往事》裡是另一種家庭，聖克勞斯孤兒院裡的成員雖然沒有血緣，但是比一般家庭更為貼合親暱，他們共享不可思議的經驗。在兩本書裡，孩子們的成長都是扭曲和乖訛的，《新罕布夏旅館》裡，貝理家的孩子偷聽旅館裡客人的活動，偷聽父母親的交媾聲，之後是與妓女戶和恐怖份子為鄰，在學會別的事之前，先懂得了性與謀殺。《心塵往事》中，孤兒院的院長勒奇醫生幫婦女墮胎，孩子們則幫著處理被棄的胚胎。荷馬十三歲時，首次知道他抬出去扔掉的垃圾桶裡裝著什麼，是死掉的嬰兒，這樣陰暗和負面的情節，厄文卻一律處理得明朗，單純，幾乎到達思無邪的境界。

厄文描寫那失去性命的胚胎，就十分動人：「『它』看上去還不及一磅重，約莫八吋長，半透明的頭上長著稀疏的毛髮，而不是羽毛，那皺巴巴的臉上似乎還長著眉毛和睫毛，那只有大拇指粗的小小胸部甚至還長著小小的淡粉紅色乳頭呢！」看了這樣的描述，荷馬會興奮的把「它」當奇珍異寶獻到勒奇醫生面前去，就不足為奇了。而當荷馬問這是什麼時，勒奇醫生說：「這是上帝的作品。」在這一刻，這悲慘的小生命不是罪惡，而是榮耀。

在厄文小說中，「性」的場面極多，記得還看過一篇書評，似乎頗為詬病他這一點，認為是他向商業考量棄械的舉止。但是我以為，在厄文書中，性描寫是非常重要而且必要的。不透過他對性的肆無忌憚的描寫，不足以傳達他那種行若無事的調調。而同樣的，於厄文，性也是被「逆向」閱讀的。

他書裡的「性」是非常非常奇怪的。我從未看過含意如此豐富深沉的性，它超越情慾，超越生命，非常的「非性」。而這一類的章節，總是讓我覺得震動。像《心塵往事》中，荷馬和美洛妮還是孩子的時候，兩個人到聖克勞斯鋸木廠的工人宿舍裡去，在牆上看到了一幅春宮畫照片，照片裡是一個躺著的裸體女人，正把一匹小馬的生殖器含在嘴裡。

這相片使荷馬覺得非常可怕邪惡，覺得「簡直跟地獄沒有差別」，但是，在畏懼之餘，荷馬腦海中卻出現了另一種景象：一個男人睡在這張床墊上，這照片正是這個男人的珍藏。「一些伐木工人喜歡一早醒來張開眼就看到這種畫面，就某種程度而言，裸女與小馬取代了他們家人的地位。這正是令荷馬最感痛心之處，想到一個疲累的男人躺在這間斗室裡，盯著這張裸女與小馬的照片，因為他沒有更親密的影像可作為慰藉——沒有嬰兒相片，沒有父母、妻子、愛人，也沒有兄弟和朋友。」

荷馬一直暗戀著他朋友華力的女友甘荻，他偷偷的在皮夾裡藏了一根甘荻的體毛。一天，兩個人一起去看電影，荷馬打開皮夾買票，風大，他珍藏的體毛居然被吹了出來，剛好貼在甘荻的大衣上。「兩人見了都連忙伸手去搶，荷馬連皮夾都顧不得，任它掉落在地上；甘荻比他快了一步，一把抓住那綹纖細的金色毛髮，而荷馬也及時伸手過來，握住她的手。」甘荻看到荷馬那緊張的神情，心裡就有了數，她直接開口問：「這是陰毛，而且是我的，對不對？」荷馬說對，甘荻又問：「你只收藏我的陰毛嗎？」荷馬又說對，之後甘荻問為什麼，於是荷馬告訴她：「因為我愛你。」沒有比這更乖訛荒誕，卻又動人浪漫的示愛了。

厄文時常在卑賤裡寫出高貴，在污濁裡寫出聖潔來，使我相信他有一個乾淨和柔軟的心。最好的作品往往是能提升人性的，也許不必用「昇華」二字，但是我的確在厄文的書裡看到提升和安慰。如果他的書，有所謂的「不寫實」之處，可能就是因為他呈現的世界太單純，太明亮。也許我們的世界不是那樣，但是，厄文的書是一個美好世界的藍圖，他使用的可能是上帝的眼光，他平視一切，不衡量，不審判，沒有憐憫，也沒有稱讚。

龐大的家族樹

——記《月球姓氏》

我有個外省第二代的朋友看過了駱以軍的《月球姓氏》之後，告訴我：「你不會喜歡的。」那時候我還沒看，聽了朋友的意見，遂猜想這絕不會是如《想我眷村的兄弟們》那樣的「勵志」書籍。

閱讀這本書當然不是愉快的經驗，看到駱以軍把「外省第二代」當作某種動物或什麼的，一刀一刀的細割細剖，開腸破肚，把這隻大蟲的內裡翻轉開來；關於「外省第二代」這種東東的神祕之處是，幾乎所有的個人經驗都是共同記憶，我們不是自己親身經歷過，便是看過，聽過，或者我們周圍有人經歷過或看過聽過；因此，任何一段關於「外省族群」的敘述，凡外省族群，都會或多或少有相識之感。

因此，在閱讀《月球姓氏》時，看到那麼多「我們自己的故事」，見到那麼多「我們認識的人」，而駱以軍是這麼完全不想抬高他們，他寫的越接近真實，就越令人難過，也難堪。在閱讀《月球姓氏》時，我一直困擾在一個念頭上，這種族群的尊嚴在哪裡？

《月球姓氏》裡的這個家族同樣也姓駱，甚至作者在「校園」那一章還特地敘述了自己返回父親任教過的學校去找尋資料：「為了寫一篇關於家族史的長篇」，但是我仍然不以為本書是作者的紀實自敘，否則駱以軍的人生就太有代表性了。

在故事裡的駱氏家族（對於一個即將消失的族群，這是再合適沒有的姓氏）裡的「來臺第一人」，當然就是敘事者「我」的父親。這父親在一九四九年隨政府來臺，把新婚妻子和一對襁褓中的兒女丟在家鄉。一年後，就在駱氏家族這位大家長還在寫新詩思念嬌妻的時候，這妻嫁了別人，多年後與她的丈夫生了兩個兒子。而父親因為兩地相隔，並不知道這件事。由於環境，或也由於感情上不能割捨，他繼續為他的妻又「守」了十六年，之後娶了本省籍的妻子。這本省妻子為他生了三個「大陸臺灣人」。至此，駱氏家族的故事摻入了臺系的血緣和歷史。

由於母親是二代養女（養母也是養女），因此她同時承祧兩姓香煙，因此生下的孩子中必須有一個要改姓過繼給母系。這過繼改姓的男孩是「我」的哥哥。長大以後成為「流浪漢」，證明他同時也承祧了外省和本省兩系裡不成材的傳統。始終未婚的姊姊則漂流在外省與本省的準姊夫之間多年沒有著落。故事中的我則娶了本省的妻生兒育女：「妻的父系家譜來自滎陽，他們是從宋代即自福建遷移到澎湖的純種漢人。妻的母系是可能混了荷蘭人血統的漢人。我父親的父系，據我父親說，是三國時吳武將駱統的後裔，我祖母項氏據說是從山東遷至安徽的一族。我母親是在臺北大龍峒長大的養女。生父母世系不詳。養母亦是人家的養女，且有一些證據顯示她繼承了平埔族的血統」，這還不提後來以婚嫁為媒介，陸續加入家族中的印尼人、泰國人、越南人……。

除了這以婚配及收養產生的親屬聯繫之外，「駱氏家族」又以朋友、部屬、同學、師生、同鄉、鄰舍關係衍生了其他的枝椏。外省族群的這些關係往往會轉化成親情，不但養生送死，還負責成家立業，找工作買房子……。身為這龐大家族樹中的一片枝葉，書中描述了「我」的「爬梳」過程，有傳說，有想像，有神話般的事實，也有紀實的神話。

我和駱以軍同為外省第二代，卻相差了將近二十歲，我們的「代溝」大約就顯現在這種對待「我們的歷史」的態度上。我自己回望我們這一群人，總不免有種濫漫的悲情，忘不了我們，和我們的父母，是被剝奪和被移植的一代。而駱以軍全無這些包袱，他似乎是好奇大於一切，對於所有悲涼的，滑稽的，怪誕的，勇敢的，怯懦的，失敗的，背叛的，陰晦的，以及荒謬的故事，他是站在一個「有興味的觀察者」的角度撰寫。他從一片小樹葉看到了整座森林。

這是我近年來看到寫外省族群最震撼的一本書。而看到最後，我理解到，在大歷史中，個體的尊嚴微不足道，我們的或善，或惡，或痴愚，或智慧，曾經存在，曾經消逝；而駱以軍技巧且迂迴的點出了我們在歷史裡的位置，使得外省族群的苦難或卑微得到了安置。

只是一個僧人

——記聖嚴法師

中午，我在農禪寺用齋飯。盛了飯菜後，便和其他信徒一起圍桌坐著，齋堂裡很安靜，坐了數十人，卻連盤箸相擊的聲音都沒有。

圓桌上，約有十人圍坐，各自面對著自己面前的食物。我旁邊的人合十謝飯後便垂頭開始靜默的吃。我自己也一樣，只低頭面對著自己的餐點。只是簡單的麵疙瘩頭，南瓜湯，筍片，白菜，豆子和青江菜，但是專注的吃著的時候，只覺得美味異常。那美味不是唇齒之味，而是一種心情。也或許是來自我自己的一心一意，心無旁騖吧，將自己全部交給食物時，食物便還報我安寧和幸福的滋味。

我像當初打禪三時那樣，把飯菜吃完，一屑不留，之後用清湯沖洗盤面的油漬，涮乾淨了再全數喝下，就像師父當時所教的那樣。之後，捧著自己的餐具到洗碗區洗淨，洗完後倒扣放到瀝水籃內。別人洗好的，也正一份份放置著。想到自己洗好的餐具，下一餐會供應某個不認識的人，而自己用過的這份餐具，也承載著陌生人的虔敬與善念，不知怎麼的，就覺得非常感動。

我已經很久沒有來到農禪寺。在我的感覺，農禪寺和聖嚴師父似乎是一體的。在別的地方看到的聖嚴師父，似乎都不如在農禪寺的時候，與整個環境渾然無廓。農禪寺特有一種清澈與秩序之感，非常的簡淨質樸，正像聖嚴師父。

我相信許多人和我一樣，都是透過打禪三認識聖嚴師父的。在這之前，我因為有「食字癖」，拿書當飯吃，拉拉雜雜也看了些佛經和禪學，但是根底上，不過拿它當故事書看，對於佛教或禪宗是沒有什麼感覺的。

在禪三報了名之後，還幾番躊躇要不要落跑，最後是因為和蘇偉貞一起報的，她逼我一定要來陪她，所以就抱著參加「另類郊遊」的心情來了。年紀一把之後，突然要和不相干的人一起同吃同睡，還不能說話，還要打坐念經……只覺得吉凶未卜，完全不知道能不能撐得下去。結果等到聽見聖嚴師父講經時，馬上呆住，像石破天驚，感覺是：原來和尚可以是這樣子，原來佛法可以是這樣子。

也許是為了對付我們這些根器不足的凡夫，聖嚴師父在禪三時講的佛法，不知道為什麼很不「佛法」，幾乎沒有什麼專有名詞，每一句我都聽得懂，內容又非常的入世，完全是與我們的生活家庭事業感情有關的事，而聽上去，好像佛經裡有一大堆的菩薩也差不多都有這一類的煩惱。聽著聽著，就覺得菩薩們一個個都非常的親切，聽完經去看大殿上的佛像，在莊嚴之外，會覺得祂們有血有肉，也曾經是活生生的人，而祂們與我們的不同之處，在於祂發了願，而我剛開始打禪三而已。

禪三打了四天三夜，那是我一生少數的美妙經驗。在這幾天裡，師父從頭帶領到尾。很難形容在禪三中感受到的師父，覺得他是極美又極浩大。我用「美」形容師父，曾被農禪寺的法師教正說：「不是美，是莊嚴。」但是，我事實上感覺到的便是美，師父很像是佛法之美的具體化身。他外顯的形象，那種清絕，淨純，就像是佛法的甘冽。

師父雖入佛門，其實極重感情。他十四歲在狼山出家，十八歲返俗家，那時母親病重，師父隨侍半個月後，不得不回寺廟。後來母親在他返寺後去世，二十年後，聖嚴師父在《歸程》裡寫到這段往事時仍說：「直到現在，回憶起當時的情景，仍不免要淚眼模糊地俯首啜泣。」同樣的，離鄉三十九年之後，師父有一趟大陸之行，這一趟旅程，師父在書裡寫：「我以一個年近六十的老僧，卻在沿途，常常觸景傷情，流了許多的眼淚，有的是往內流，有的是往外流，有的地方還是欲哭無淚。」我最初看師父的書，發現他這麼愛哭，非常驚奇，覺得他實在是太不像我們印象中的出家人了，不是都說「六根清靜，看破紅塵」嗎？

我曾經上過師父的電視節目與他對談，當時談的是受虐兒童的問題，師父在講到孩子們在幼弱時受到的非人待遇時，自然有一種愁容，那也使人震動，知道他有所感，有所動，知道他仍然對眾生有情。而就是因為這種「有情」，使得他從一個閉關清修的僧人，出世弘法，發願要建「人間淨土」。也因為他這種「有情」，使得他能領會和包容凡夫的世俗喜樂，所以才能把佛法講得直進人心。

師父從來不會見人就勸信佛或修道。在打完禪三後，因為道心不堅，打坐也不打了，佛經也不看了，但是見到了師父，他從來也不問你為什麼不來聽經了？只是高高興興的喊你的名字：「袁瓊瓊！」

那是禪三後兩年的新春，我和偉貞一起去給師父拜年。那時候師父正在安和路的道場和信眾們談祈福法會的事。天冷，他戴著毛線帽，圍著圍巾，兩手筒在僧袍袖子裡，晃過來又晃過去，像個老頑童。有人問他經費沒有著落他煩不煩？師父說：「師父不煩，做得到的交給護法去煩，做不到的交給佛菩薩去煩。師父沒事做，不煩。」後來當真祈福法會就轟轟烈烈的辦起來了。而師父對一切似乎都有這種袖手的信心，無論對人對事。他是我所知最忙碌的人，但是每次見到，他總是悠然自適，關注些你絕對沒料到他會關心的事，像他有一次提到他看朱少麟的《傷心咖啡店之歌》，師父說：「海安太可憐了，應該叫他來聽聽佛法。」

禪宗有喜笑怒罵的傳統，聖嚴師父是我僅見的既滑稽又莊嚴，能活潑又能肅穆的人。凡是聽過師父講經的徒眾，都領略過他的幽默感。他說法非常入世，大半以人間事關解，出入於玩笑和正信之間，分寸不失，是因為他本心的純粹吧。師父十四歲出家，後因戰事從軍，軍中十年裡他茹素誦經，因為一心想再度出家。在同寺的師兄弟紛紛還俗時，師父堅持只要做一個僧人。後來二度出家，奉師命東渡日本去念學位，在留學的歲月裡，許多人揣測他會還俗，而他仍然只是要做一個僧人。繼承了東初老人的遺志後，掌理法鼓山和農禪寺，而師父的態度仍然是：他只是一個僧人。在他而言，學位名位或地位都不是大事，他只是一個僧人。這種素樸和專注，正是師父內在力量的來源。

花神祭

林麗珍很奇怪的，沒有什麼「舞蹈家氣質」。這是說，你如果期望看到瑪莎葛蘭姆那樣的濃妝豔抹，或者是像伊莎多拉鄧肯那樣的奇裝異服；或者像港臺某些編舞家和舞者的前衛或標新立異……，沒有，麗珍都沒有。

從二十多年前認識她開始，她就一直是在後腦結成髻的長髮，素白的全無脂粉的臉，線條簡單的大罩衫與緊身褲，顏色多是素樸的純色：黑或米白，或者深褐，深綠。我從未見麗珍穿過刺目的顏色，她似乎是有意的在生活中保持一種配角或邊緣的地位，盡力融於背景，盡力與環境和諧。

由於個子小，她很容易做到這點。而不只是外表如此，她在言行上也是極低調。朋友多年，聽她講述關於她的舞蹈的話語，不會超過五次。每次聚會，她是極單純和開心的主人，準備了美好和精緻的吃食，對客人簡單到幼稚的話語發笑。她的客廳有一種氣氛，使得所有聚會都像是社團活動，從二十多年前到現在，一直如此。來到了她的客廳，就像是又回到了年輕的歲月，大家都鬆懈下來，開始講一些沒大腦的話，完全顧慮不到這像不像人過中年的自己，累了就躺在沙發上睡，她的客廳，每個角落都很適合睡眠。男主人也很隨性，往往聚會中段，會去房間裡補覺，幾小時後夢遊般的出來，看到客人還在，便坐下來泡茶。

總是一不小心就待了六七個鐘頭，還嫌短。想當年我們是一搞就在她家裡耗個三天三夜的吶！

這樣的麗珍，她的舞蹈卻驚世駭俗。

以她的安靜，嬌小，難以相信她竟然能編出沛然的，強大的，充滿能量的舞蹈。在『醮』裡，她開發了靜的力量。一個尋常動作，在把速度放緩到極限時，沒想到竟能產生極大的張力和迫力。在『醮』裡的慢動作，沉重而充滿莊嚴意味，而在『花神祭』裡，同樣的速度，卻呈現出極致的柔和和婉轉。

『花神祭』在麗珍的工作室彩排時，我有一個很特殊的經驗。

因為去看的人多，我坐到了角落處，正是舞者出場的門口。對於將看到的演出內容，和自己處身位置的非常，我全都一無所知。結果，當一雙長腿，就這樣從我身邊出現時，很驚愕，時空突然改變，我剎那間在異世界，花神在我身旁出現，並且穿越了我。彷彿我於他是一個幻影。

男舞者非常高大，以我坐在地板上的視角觀之，他是神的高度。而全身刷白，只在腦後垂落了及地長髮的造型，有不可思議的妖異感。

花神出場後，就在我的面前，約相差兩步的距離外，開始緩慢的行走。如此迫近，又如此遙遠，巨大的，充塞在我整個視界的花神，用以小時計量的速度行走，像他有無限的時間，無限的空間。

而遠遠的對面，全身粉白，及地長髮的女花神，也與他相對，兩人微垂頭顱，不相視，卻自然有所相屬的面對面接近著。觀者此時也成了舞臺的一部分，我們的屏息、凝視和等待，化成了韻律和節奏，默默引導著闔目的花神相近，進而相親。

這樣近的距離，這樣似真似假，觀者都參與了這項神祕儀典，舞蹈已不是舞蹈，成為我們通往心世界的入口處。在演出中，我們都去了異世界，而又回來。

關於舞蹈，常要想起瑪莎葛蘭姆的話：「舞蹈是身體的祭典。」我學《易經》的朋友曾說「舞」就是「巫」，古代的舞者通常都是巫女，而舞蹈正是她們與天溝通的方式。

麗珍的舞蹈，在近年來開始有了這種性質，不僅是身體的律動，並且還蘊藏了神祕的訊息。從二十多年前看她的『月光』，就感覺她有一種純潔的氣質，而這本質未曾改變，從『醮』到『花神祭』，她的舞蹈總是潔淨，純粹。

而力量，必定就是這樣來的。

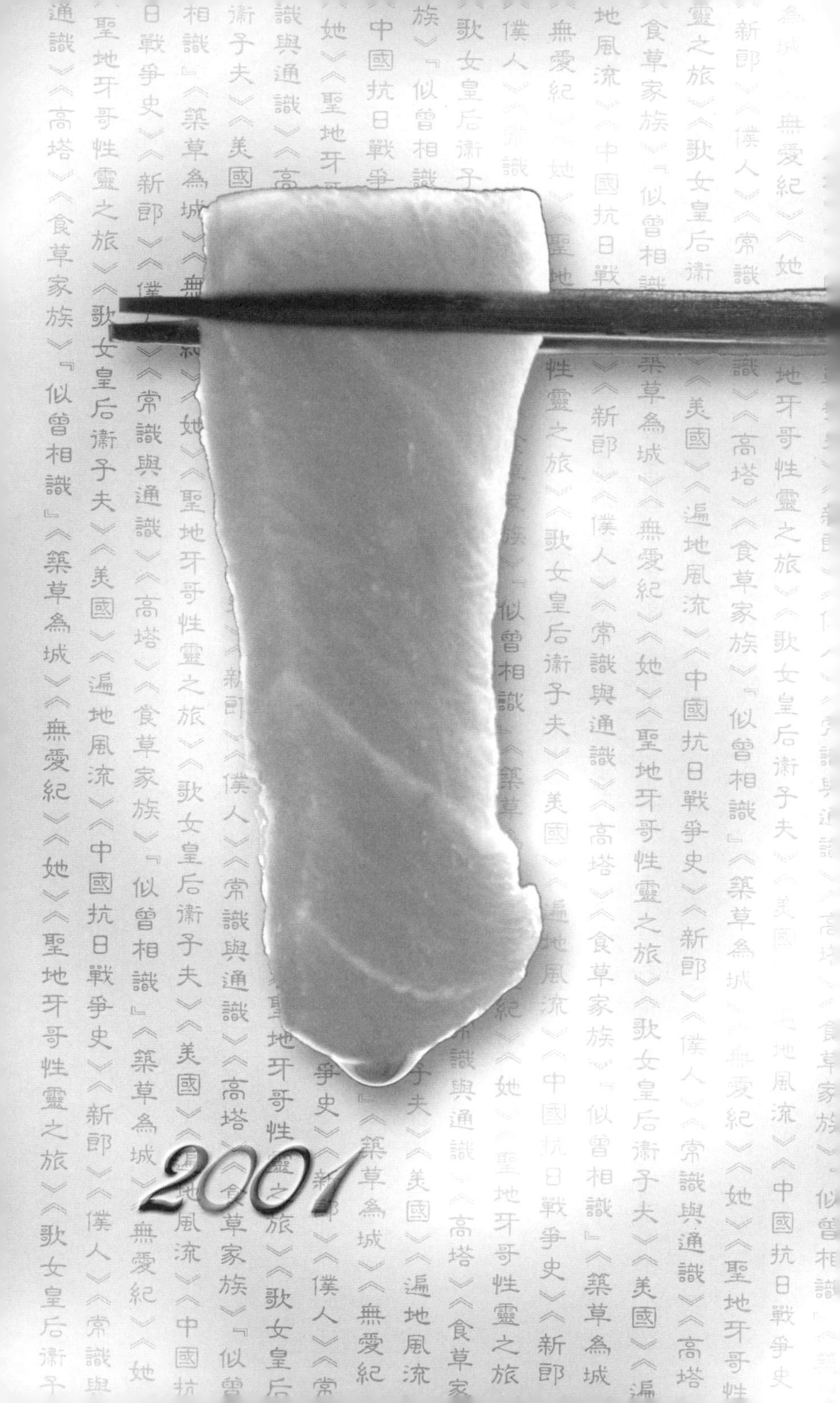
2001

閱讀有無限可能。閱讀時我們在平行世界裡。世界是一個大平面，婆娑世界千百億，古今中外，內太空外太空，進入一本書就進入一個世界。

這年印象最深的是莎麗麥克琳的《聖地牙哥性靈之旅》。書評裡沒有表現我對這條「光之路」的嚮往。倒不是因為這本書寫的多好，而是，對於她斬釘截鐵地相信她在這條路上遇到的通靈現象我十分好奇。那是個真正的神話之地，是不用吸食的大麻，用腳掌去感受的迷幻之路。有生之年我希望自己能去走一遭。

對於玄學和神祕學，其實我一直認為，那些只是尚未驗證的科學。最近在看莎麗麥克琳的另一本書《心靈之旅》，內容是她自己的通靈經驗。在八十年代出這本書真是需要一點勇氣，整個世界對於超意識世界的接受度不深。十多年後，許多同類的書出版了，許多同類的電影電視出現了。這不知是代表我們的心靈世界更豐富，還是更貧瘠？

老時代的回聲

——記《高塔》

張復的文字風格有點像瑞蒙・卡佛。卡佛的風格，評論家形容是「乾燥到極點」，張復像的即是這種乾燥感。但是臺灣人的乾燥和美國人的乾燥不一樣，卡佛的乾燥像大峽谷，張復的乾燥則像月世界，欠一點氣勢和亙古感。不過，這是他的第一本書，有這樣的質感也算難得了。

他的文字極盡樸素，這是近十數年裡不大容易看到的文體。如果各大報得獎作品可以視為一種指標的話，臺灣現在流行的是奇炫華麗的文體，極盡繁複，極盡奇想，而且細碎繁瑣，充滿了二十年前臺灣作家不敢或根本從未想過的內容和細節。什麼時代出現什麼文字，書市裡百花齊放，其實也反映了我們目前社會的樣樣目不暇給。一切都來不及，來不及看，來不及聽，來不及想。看到張復這樣的文字，因此特別使人覺得悲哀。

這本書就像已逝去的那個老時代的回聲，無論是內容、表現手法，作者其實就是站在遼遠的過往跟我們發話，而這樣的聲音註定是小而微弱，而且孤獨。

《高塔》裡收集了十二篇作品，有些人物，像李潔心，王台生，張阿錢，在不同的小說裡重疊，但是不以名字來辨認人物的話，其實他們也往往以不同的背景和姓名在不同的篇章裡出現。這群人不知道為什麼，無論成功與否（以俗世的標準論），都是失意的，他們是往昔的夢遊者。〈開學日〉裡的雪音也罷，〈尋覓〉裡的勝田也罷，〈除夕夜〉裡的丈夫，〈客廳〉裡的他，或者〈重逢〉裡的男人，〈暮春〉裡的留學生，這些人對生活的態度消極而被動；遇到任何事，他們多半逆來順受，不抵抗，也不面對。

書裡的人物大略如此，無論生命如何走，他們總可以從現實裡滑開，之後進入溫暖的過往裡。他們比他們的人生慢半拍，所有發生的事，都要多年以後才從他們身上經過。這群陷落在舊夢裡的人物，永遠背對著未來。

因此，究竟發生了什麼，並不重要；重要的是這樣子的一種群類，這樣子的一種生命方式，究竟顯現了什麼？

李有成的序裡把張復的小說歸納為「詹明信(Fredric Jameson)所謂的國族寓言(national allegoy)」，而國族寓言的意義在詹明信的解釋裡是這樣：

> 第三世界的文學有其預言性及獨特性，第三世界的文本都應被視為國族寓言，甚至某些第三世界看似有關個人的文本，也無不以國族寓言的形式投射其政治性；換言之，某些即使敘寫個人命運的故事，往往也隱含第三世界社會如何受到外力衝擊的寓意。

我以為若把「第三世界」四個字用「外省第二代」來替換，這段話就很準確了。書裡始終沒有明說，但是很顯然，他寫的是外省第二代這個「國族」的故事。最近一連看了兩本跟外省第二代有關的書，除了《高塔》，另一本是駱以軍的《月球姓氏》。兩本書裡都在替「外省第二代」蓋棺定論，看來這一種族群真的是已經瀕臨絕種或消逝了。因為「外省第二代」不是血脈遺傳而是氛圍。

張復的書很悲哀，作為「國族寓言」來看，這個「國族」四邊無靠，沒有著落。他們不需要時代的巨輪來碾過，自己已經放棄了。王台生和陳水利是少有的「向前走」的角色，但是王台生的工作是拆除廢船，陳水利則不斷的在婚姻中外遇，兩個人的面對現實，與其說是積極進取，不如說是動物本能，不代表什麼。

王台生在《高塔》裡說：「人要學會盡量往前看。」這是他的人生態度，他忘記了高塔，忘記了童年玩伴，那也許是選擇的。王台生選擇擺脫過去，成為新的「國族」。但是我們的男主角卻在「那些逝去卻不曾被我們惋惜的日子」和「那些已經解體的事事物物」裡感到孤獨，「男主角族」的人多勢眾，和「王台生族」的勢單力薄，可能就是我們這種族群滅絕的原因。我們像張愛玲小說裡的「蒼涼的手勢」，主動在歷史與人生裡退位，可能自以為華麗頹廢，但是，很可能除了我們自己，不會有任何人看見。

焚燒瘋狂，凌遲理智

——記《食草家族》

莫言這本書的難以卒讀，幾乎就跟他所描寫的這個「食草家族」的乖訛習性一樣。食草家族因為要保持腸胃的潔淨，全族的人都有食草的習慣。因為以草根為主食，使得他們從不便祕，而且糞便帶有青草的香氣。然而這個腸胃清潔的家族，整個家族史卻充斥著鮮血與死亡的腥臭。充斥著畸形、變態、虐待、酷刑、亂倫、逆倫、謀殺、偷搶、通姦、私刑與排泄物。

沒錯，是排泄物。在第一夢裡，充滿了對於糞便和肛門和拉屎拉尿的描寫，幾乎讓人覺得作家是不是正處於佛洛伊德所說的口腔期。他那種想說髒字眼兒的慾望，被他通篇裡用排泄器官和排泄物形容所有所有的人、事、物、景象、經歷的方式放大了。排泄物和器官被鉅細靡遺的描繪，被說了又說，被附加到一切情節上，跟情慾有關，跟信仰有關，跟食物有關，跟鄉愁有關，跟一切一切都有關係。

那是惡夢般的閱讀經驗，令人極端的不快、不舒適，覺得作者在帶領我們進入一個卑賤、齷齪，可悲又可佈的世界。而更刺激腦神經的，是書中不時出現的各種酷刑的描寫，包括焚燒、凌遲、肢解、閹割、剝皮、活埋……簡直像文字版的『入侵腦細胞』，卻又不像那部電影所呈現的超現實美感。人被處理到這樣非人的地步，使得書裡的角色都變成了怪物，從作者「我」，到「我」的女兒「青狗兒」，從那些帶蹼的祖先，到孿生兄弟「天」和「地」。他們的怪異不在於他們的長相，不在於生活態度，不在於思想，而在於作者看待他們的方式。

莫言描寫他們的心態，不是愛也不是恨，好像也不是嫌惡，不是好奇，不是懼怕；像是無奈的糾纏。在後記裡，莫言說他這本書寫了六年。而全書接近三十萬字。對於一個用心用生命寫作的作家，這真是漫長而痛苦的歷程。可以想見在經營這三十萬字時，他是陷在怎樣的一種狀態裡，幾乎就像著魔。

莫言的文體向來是既粗野又華麗，他的文字裡有顏色有氣味，就像民間祭禮上懸掛的繡幕，但是莫言又不是那種端麗。他是鮮烈到「沛然莫之能禦」，瑰麗到要刺傷人的眼。

他的這種文體，在當今的華文書寫裡是獨一無二的。從《紅高粱家族》開始，莫言始終經營的主題只有一個，那就是他高密的祖先。祖宗們在他的書裡，或而莊嚴，或而慓悍；或而悲情，或而雲淡風清。也可以說，莫言是在不同的書裡，記載了他對於祖先們的感情的變化。但是逐漸的，似乎從景仰孺慕化成了附疽沉痾，莫言從書寫者變成了被附身者。我還沒有看過像《食草家族》裡這樣的描繪。在本書裡，祖宗們的歷史，既是神話，也是鬼話；是傳奇，又是符咒魅祟。

全書以六個夢境組成，莫言在後記裡說：

「六夢」是我整個創作中的一種特殊現象，是我自己也難以說清的現象。這實際是一大堆糾纏著我的問題，是很多無法解決的矛盾形象的表現。我承認本書很多思想是混亂不清的，我可能永遠解不開這些混亂。

不少聰明的評論家從我的「六夢」中讀出了一些瘋狂的傾向，我想我必須坦率地承認，在創作本書的某些章節時，一種連我自己都感到可怕的情緒經常牢牢地控制著我，使我無法收束自己的筆墨。所以本書也是瘋狂與理智掙扎的紀錄。所以本書除了是一部家族的歷史外，也是一個作家精神歷史的一個階段。所以讀者應在批判食草家族歷史時同時批判作家的精神歷史，而後者似乎更為重要。

在八十年代，美國有個畫家非常出名，他的畫作呈現他的越戰經驗，畫面上多半是開腸破肚，斷腿裂身的人體，或者是剮眼割鼻的臉孔。當時看他的畫作，就覺得他必是被一種幾近瘋狂的執念攫住，否則怎麼能夠忍受這些畫面從自己的筆下產生出來。莫言這本書給我同樣的感受。而從後記看，莫言似乎也有自知之明。這不是莫言最好的作品，但肯定是最特殊的。

相信愛

——記『似曾相識』

看HBO老片子《似曾相識》。

片子裡，男主角與年青時的女主角初次相遇時，女的說：「是你嗎？」而男的就說：「是的。」這情境和張愛玲的短篇〈愛〉是一樣的：在無涯的時間之流中，兩個陌生人相遇了，彼此都知道就是對方了，於是說了句：「是你。」而「是你」之後呢？

我的女性朋友告訴我她的「豔遇」。有一天她經過路邊，那裡站著個男人，正在就騎樓下的水龍頭洗手，她看過去的時候，對方也看過來，兩個人目光交集了約三十秒。那時候，她經歷到時間突然停止，而剎那忽然變得無限漫長的感受；簡單言之，就是年輕人所說的「被電到」「被電到了」。

「被電到」這件事居然會以如此實相的狀態顯現，在這之前，總以為那只是形容，而沒料到，那種事發生的時候，當真會覺得身體通電，在剎那間，靈魂顫抖了。在這句話裡，「靈魂」，「剎那」，「顫抖」，全都是具相至極，可以看見，觸摸，聞到，聽到的東西。也就是說，你可以確確實實感覺到這一切不可思議的存在。難怪有句話說「愛情使人看到天堂」，有這種經驗，的確是會使人相信上帝，相信神，相信魔鬼，相信精靈，相信一切無形有形之存有。

那麼，後來呢？

後來什麼也沒有。給我講這故事的女友，目前是六十歲，而這件事發生在她五十二歲那一年。那天她是陪她丈夫出去看病，兩個人看完病就回家了。她從此不再走那一條路，怕再一次遇見那個人，也怕再也遇不到那個人。

那是什麼樣的一個人呢？也很尋常：中年，頭髮有些花白，留著鬍子。已經是多年前的事，但是她直到現在還記得他的樣子。

那麼，那個人是不是也感覺「被電到」呢？我的朋友說不知道，不過，這樣強大的力量，絕不是一個人可以獨力發生的，我相信對方也感覺到，但是狀況如同我的朋友，他回家去，應當也是有妻子有孩子的家。然後，就結束了。

但是，很可能也如同我的朋友，他多年後還記著這無法解說的一段：他在路旁看到一個女人，兩個人在剎那間迸出過火花。

在張愛玲的小說裡，那女子因為長得美，被親戚拐了賣去青樓，從此離開家鄉。與那男子，終其一生，只不過那一句話的交集而已，但是卻記了一輩子。而在電影中，兩個人驚天動地的愛了一場，到最後，男主角回到了現代，但是沒活下去。

電影到底是電影，真實人生裡，還是張愛玲的小說可信度大一點。無論男女，無論怎樣的奇遇，事情過了，大家總還是「夷然」的活下去。「是你」之後，有時候「也不過如此」。但是，那樣的經驗一定如同天啟，遇到之後，你會相信，我們每個人不是沒來由的來到這世界上，也不是無目的的活著；可能只為了在漫長一生中見識三十秒心靈交會的奇蹟；透過與某人靈犀相通的一剎那，你了解他，他了解你，你們和世界連為一體。

無法品飲的時代就要來臨

——記《築草為城》

最近不知道為什麼，看書總是從中段看起，把《寶劍金釵》看了快半本了，人家才告訴我，《鶴驚崑崙》才是「第一集」。這本《築草為城》也一樣，看了一大半，越看越不對，怎麼人人都像是有許多從前似的，這才找出書皮來看，原來這是「第三集」，前頭尚有兩本《南方有嘉木》和《不夜侯》。

作者王旭烽是眼生的名字，奇怪這個人寫得這麼好，怎麼以前都沒聽說過哇！真像是在江湖上偶一照面，對方卻是個高人。《築草為城》是我近幾年來，少數幾本可以完全享受看小說的樂趣的書。

《築草為城》講的是茶鄉杭氏家族的故事。寫法很老派，故事很老派，我猜想沒有什麼可以讓比較文學教授或學生鑽研的部分，因為既不意識流、後現代，也不解構主義或魔幻寫實，而雖然作者是女性，看完整本書，也不覺得有什麼可以讓女性主義研究借鏡的部分。但是，實在是一本好看的書，也真像是一壺好茶，喝了一口之後，便欲罷不能的一直喝了下去。

《築草為城》，寫的是杭家在文革時期（1966–1976）的遭遇。單只書裡的人物，我略數一下，跟情節有關係的，就有三十個上下，更別提其他露個面，帶上一眼兩眼的角色。而王旭烽的描寫，全都活龍活現，非常厲害。

人物描寫本來應該是小說寫作的根本，但是現代的許多小說家似乎缺乏掌握不同人物個性的能耐，往往一本書裡，充斥著千人一面的狀態，甚至許多的「名家」作品裡，也一樣。王旭烽的這一點就特別搶眼。她用對話和描寫把人物活生生帶出來，如在目前。甚至連不起眼的小角色，如守公用電話的「來彩」和來彩的瞎子丈夫「果兒」。第七章裡，群眾公審杭家第二代的杭寄草，果兒出來攪局，在公審大會上表演「老三篇」的這一段，描寫得真是精彩絕倫，完全出人意表。

關於文革的描寫，不是慘烈酷厲，便是吊兒郎當的黑色幽默，像王旭烽寫的這樣俐落滑稽，還帶著溫情，真是不容易。

《築草為城》裡，重點人物是杭家第三代：杭得茶和杭布朗。布朗和得茶以現代的眼光看，真是不尋常的角色。

杭得茶是極「純潔」的男人，用「純潔」來形容男性好像是奇怪的，尤其是書中的得茶，出現時已是二十五歲。但是王旭烽確實給他塑造出這種質地，他的這種品氣倒有點類似五四時期的人，非常的專注，安靜，沒有雜質，內斂浪漫到極點，卻又不是不食人間煙火。

杭得茶極盡複雜，而杭布朗卻完全相反。我感覺王旭烽把布朗寫得帶點仙氣，他似乎能在任何境地裡安之若素。不像得茶，他具有的完全是生理慾望，他愛吃愛喝，能唱能舞，看到女人就想上床，而這些慾望，在他身上是一點陰影都沒有的，完全是天生自然。

我也想用「純潔」來形容布朗。他和得茶的差異是：得茶有自覺，他沒有。這兩個人在文革的大風大浪裡的改變，是最讓人牽心的。

而女主角白夜，也絕非典型角色。她生的美，富於肉體魅力，極聰慧，卻又帶有某種程度的邪惡。她與杭得茶的感情真正是蕩氣迴腸，比王度廬不遑多讓。

當然也不能不提《築草為城》裡最重要的另一個角色，就是「茶」。王旭烽描寫茶之種種，使得我想開始飲茶。愛茶的人不能不看這套書。茶事的高貴、精緻、細膩，全在此書中。

在序裡，王旭烽寫到大躍進時期，為了績效，大家都努力採茶，不管阿貓阿狗，有沒有經驗的，全都上山去採，「大打一場採茶的人民戰爭」。

結果採出來的茶：「老葉掐都掐不開，老到得先推著大石碾把它給碾碎了，才有下回分解。製茶原本是個精細活兒，特別是炒茶，光一個龍井就有十種手法。此時的茶，分明就成了玉米棒子，哪裡還談得上什麼精美玄妙。」另又為了「增產報國」，四季採茶，弄的茶樹赤身露體，光禿禿的過冬，結果一冬下去，就再也無茶可採了。

在大躍進時期，「以政領茶」，造成的是這種後果；到了文化大革命，糟蹋的不僅是茶，還是茶人。難怪在序尾，作者在文革時代來臨之前預告：「一個無法品飲的年代就要來臨了。」

飲茶是精緻的藝術，需要「茶」，「種茶人」，「品茶人」的鐵三角才能造就。王旭烽從毀滅茶事的角度來寫文化大革命之害，而奇妙的把主題放在「復甦」這一點上。「茶」

是可以高貴，也可以卑俗的，可以侍貴族，又可以適庶民，可以繁複可以簡單，可以脆弱也可以堅強。寫茶人，王旭烽其實有隱喻整個中華民族的意思。

不想照顧讀者

——記《無愛紀》

如果以閱讀的「困難度」來評選書籍的話，黃碧雲的《無愛紀》絕對在我的排行榜十名內，不，五名內。之所以「提升」它的名次，是因為很多「困難讀」的書，大可以放下不看，但是黃碧雲又不行，看到一個地步，你就是非看下去不可。

這種無奈大概跟電影科學生看大師級電影差不多。

我們是因為這部影片（或者這本小說）是經典，因此才吃苦耐勞的看下去（或讀下去），並且根本不大敢告訴別人，自己大部分的力氣是花在讓自己的眼皮保持打開狀態上。

我個人對付那些「困難讀物」的祕方是搭配各色蜜餞，牛肉乾，巧克力花生核桃酥氣死蛋糕冰淇淋烤雞披薩義大利麵……它寫得越好，我吃的越多。所以，關於《無愛紀》，我給它的評分是：「三公斤」。這是我在閱讀本書的一個禮拜裡所得到的「長進」。

批評黃碧雲是困難的事，尤其是明知道大多數人不會同意我，就連我自己也不大同意。黃碧雲是公認的才女，優秀的寫者。她在寫作上的天生麗質，就像費雯麗或麗塔瓊斯在電影裡，你沒法不看到她的炫目，與眾不同。

她具有最優秀的寫者該有的一切，敏銳細膩的感觸，足以駕馭這敏銳的文筆，述說和編造故事的能力；她的用詞瑰奇富麗，文字有音樂性有節奏感，揮灑自如，渾然天成。她用潑辣強悍的文字寫〈桃花紅〉，又用典雅深沉的筆路在〈七月流火〉裡把這故事重新翻造一遍，她要冷便冷，要熱便熱。要言情便言情，要文學便文學；有這樣巨大的能力，但是我懷疑她並不想為讀者而寫。

黃碧雲不是沒有能力照顧她的讀者，〈桃花紅〉和〈無愛紀〉都寫得行雲流水，是既優美又準確的文字。在這兩篇裡，黃碧雲帶著閱讀的人走，願意與我們對話，但是到了〈七月流火〉，她忽然發起夢囈來，她忽然決定要說自己的語言，依照她自己的章法。讀者就在這裡被拋上了雲霄飛車，忽然發現自己陷在漩渦裡，剎那之間，一切變得混亂，變得昏曖不明。我又想看下去，又想停止。一邊痛恨她無端無序的描寫，一邊又為她的敘事所牽引。一邊苦惱於她揮灑的任意妄為，卻又著迷於她所呈現出的迷離新奇的世界。

〈七月流火〉我看得非常痛苦，看得極為消化不良，每次翻過頁去，我就有一種惶恐，因為我立刻忘記了目前看的段落是誰的故事。我並且老是分不清「流火」，「女桑」，「月迭」或「遲遲」是誰，我覺得「暗香」很像「遲遲」，「遲遲」很像「花微」，「花微」又很像「采薇」。作者大概沒有想過她精心設計的這些人名因為一體的精緻，一體的典雅，一體的不食人間煙火，結果也就造成一體的面目模糊。

我稍一不注意，就發現自己忘記了看到哪裡；不過去冰箱翻找一下食物，回來時就得從頭看起，因為每一段敘述都在難以抓住我的注意力這一點上相同。

因此，每一段，不管看過的還是沒看過的，都顯得陌生。因此，看〈七月流火〉時我很小心的用紅筆做記號，並且無數次懷疑自己已經得到了阿茲海默氏症。直到又回頭去看〈無愛紀〉和〈桃花紅〉，才又相信自己正常。

我用〈桃花紅〉做註解，把「流火」，「女桑」，「月迭」這些人和「細清」，「細容」，「細玉」做了對照表，才算猜到〈七月流火〉裡這些人到底發生了什麼事。

我覺得看〈七月流火〉很像吃十全大補，顯然對於我的文學素養或是鑑賞力都大有裨益。我相信這次閱讀所得到的養分足可以讓我兩個月不用再看這麼有深度的書。

事實上，我必須承認：每看兩頁〈七月流火〉，我就得上網去看十個無聊笑話來調和，以便保持繼續看下去的胃口。我猜想把書寫得讓人這麼看不下去，絕對是一種了不起的才能，很可惜我沒有。不過張愛玲也沒有，馬奎斯和莒哈絲也沒有。

如果我這篇書評，你們看得不太懂，那表示我的才具是在黃碧雲和張愛玲之間，比張愛玲多一點，比黃碧雲少一點。

沒有去過的地方

——記《她》

前陣子看了電影『情慾寫真』。蘇菲瑪索在裡頭飾演一個攝影師，片子裡看見她隨時隨刻拿著一個小照相機，拍一切事物。拍她身邊的環境，發生的事，與她對話的人，與她對看的人。那照相機是她的眼睛，也是她的武器，是她隨身攜帶的圍牆，擋住別人，也擋住她自己。

看胡晴舫的書，讓我有同樣感覺。覺得她好像也帶了一臺小小的相機，在她的旅途中邊看邊拍，廣義來說，這旅途是疆域，也是歲月的。「她」就是胡晴舫從那小小的觀景窗看出去的一些切片。書裡的這五十一個「她」，在她們的真實世界裡想必有各自的存活面相，但是從胡晴舫的觀景窗看出去，每個人都沾染了一點胡晴舫。她們在這本書裡，以胡晴舫所選擇的樣貌出現，活著胡晴舫的邏輯所架構理解的某種人生，她們的好或不好處，其實反射的不是她們自己，反倒是胡晴舫。

我其實不認識胡晴舫。一個不認識的人，跟沒有去過的地方其實有相似之處，不然是驚喜，不然便是覺得索然無味，全依憑跟對方擦身而過時那一剎那間的心情。而閱讀胡晴舫的時候，我說實話，其實並不是適合的時間點，也不是適合的心情。

因為忙，這本書是片片段段，跳著看的。這書隨著我，也在我的生涯裡做著某種旅行。我在往臺南的飛機上讀那個肥胖的日本女孩的故事，在萬呎高空上讀著她每天起床的時候都想自殺，「她想要：推開單人公寓僅有的一扇小窗戶，從十八樓往下跳。」坐捷運去淡水的時候，在捷運車廂的冷氣裡，跳著看了勇敢的大陸流亡女詩人，全世界最沒有理由快樂的越南女孩，還有強悍老練的印度小女童。從臺北出發的時候天氣還微微涼，在淡水下車，一出捷運站，撲天蓋地的陽光，忽然像到了異地。那炎熱的記憶，和行走著身上汩出的熱烘烘的汗水，因此也就和這幾個女人的印象交纏在一起。

我隨時把那一大疊影印稿放在背包裡。許多個「她」，在我，是跟咖啡香摻在一起的，有時候是STARBUCKS的，有時候是西雅圖的，有時候是IS的。在等人的時候，獨自，一點心不在焉，因為不知道對方什麼時候來；一邊等一邊看，讓鄰桌的中年男子說的笑話分去了一點點注意力，又被櫃臺小妹的美貌引著失了點神。看兩段就放下，發現自己原來沒看進去，於是又重新開始看。

有時候，是在計程車上，在塞車的時候，司機開始打大哥大，我就從背袋裡抽一張出來看，抽到誰就看誰。

後來胡晴舫給我寄來了她的前一本書《旅人》，於是這本也塞進背包裡。有時候看《旅人》，有時候看《她》。

我不知道我這樣子的閱讀方式會使作者做何感想。我也不知道，如果別人也這樣子漫不經心的讀我寫的書，我會是什麼心情，我是不是會在乎？不過，畢竟還是讀完了。這麼多的混雜的感覺和經歷，這麼多的聲音，氣味，景象，有書裡的，有我環境裡的，有我想像中發生的，有因為胡晴舫的文字所誘發出的我自己的回憶裡的。這樣多的這樣多的訊息，這樣混亂的交纏的……我覺得我經歷了漫長的旅程。

與《旅人》相比，《她》實在是一本羽量級的小書，這不單指單篇的篇幅比前書短小，也指胡晴舫處理的素材份量。看了《旅人》，會覺得寫《她》的胡晴舫是在休閒狀態。《旅人》如果是公開演講，那麼《她》就只是閒聊。《旅人》如果是在辦公大樓裡穿套裝上班，那麼《她》就是穿著短褲站在路旁喝珍珠奶茶。

但是，不管上班還是喝珍珠奶茶，其實這兩本書都很嚴肅，都蠻沉重的。胡晴舫與我們分享的，並不是容易消化的東西。

從書裡看，作者是旅行家，去過無數地方。她是我知道的第一個把遊記寫成了論文的旅行家，之後又把人物素描敷衍成了紀錄電影。大約是觀察者的宿命，到了任何地方，看見了任何人，她似乎不曾融入其中，而是廁身一旁觀察。這種在地球上四處行走的單調行徑，她竟能思考出那麼多理論出來，使我既吃驚又讚嘆，而那些在異鄉偶然瞥見的臉孔，胡晴舫寫出了她們的過去，未來，寫出了那些臉孔底層的東西。

這不是輕鬆的書。這也不是一個可以簡單去結論的作家。

在看完了胡晴舫的書之後，我又把它放在背包裡到處帶著走了好久。

不知道該怎麼樣談這本書。

要如何去述說一個初認識的人，或者只去了幾天的地方呢？

如果我不是必須在這本書的前面跟人介紹這本書，而只是在私底下跟人閒聊：也許是那家四面全是玻璃窗的咖啡館裡，外面是亮花花的烈日，屋內很清涼；也許面前拿鐵的香味正緩緩升上來。我想我會告訴你：這本書你要看看，至少是要開始知道胡晴舫這個人，她遠比我們檯面上許多已成名的作者都要好上許多。不是寫得好壞的問題，而是她看事情的角度。我覺得好文筆是很容易的，但是要寫得好就還要有一些別的。我也許會說：作者既銳利又聰明，又有匹配得上她的聰明的才能。我也會開玩笑說：這絕不是一本「廁所書」，相反的，在坐馬桶時看這本書，很可能會讓你解不出大便來。這也不是一本「美容院書」，在洗頭或燙髮的時候看它，會讓你覺得時日漫漫，而燙髮成為酷刑。這也不是一本「咖啡書」，喝咖啡的時候讀它，會讓你覺得咖啡失去了香味，而室內的情調音樂令人苦惱。這也絕不是「床頭書」，它讓你看了睡不好覺，不想做愛做的事。

然後最後我會下個結論：這本書恐怕不會賣的太好。

我很喜歡的一個日本漫畫家叫做今市子，她的書非常好，可是非常少。國內的情況是幾乎一年到兩年才出一本。有一天我到一家漫畫出租店去，很大的一家，屋子裡的書，老闆娘驕傲的說：有兩萬多本。我開始沿著那迷宮似的書架一本本找今市子的書，找了半天找不到，去問老闆娘，她連今市子是誰都不知道。

滿屋子的書，可是今市子連一本都沒有。

我最初覺得非常難過，今市子是我非常喜歡非常喜歡的漫畫家，她的漫畫非常優雅，氣質絕佳，但是看她書的人這麼少。但是後來我想到，至少，今市子有我這樣的讀者。我到底也是個創作者，知道她的高度在哪裡。

我相信每個寫作者，私心裡都會希望有一個真正知道自己好處的讀者，而每個寫作人，真正說起來，其實是為了這個人寫作。

在這裡，就想告訴胡晴舫，妳至少有我這個讀者。

直視生命的本質

——記《聖地牙哥性靈之旅》

在西班牙，有一條數百年來非常著名的朝聖路徑。這條由法國起始，越過庇里牛斯山，由東至西，橫跨西班牙北部；全長約八百公里的道路，被稱為「聖地牙哥德康博斯特拉之途」(Santiago de Compostela)。傳說這條路線對應著天上的銀河，在所謂的「光之線」(ley line)上。

「光之線」是由上而下，垂直切過地表的一條能量線，由於能直接反映天空中星系的能量，因此具有強大的生命能力：「一條光之線的橫切面看起來像沙漏，細窄的中間部分貫穿地表，光之能量在地上和地下都相等存在，以非常高的頻率散發，而當人類的意識經驗到它時，便會引致思緒，經驗，記憶的清明，使人得到啟示。」換言之，在光之線上行走，人們往往會得到通靈經驗。

莎莉麥克琳在一九九四年，以六十高齡，花了三十天的時間，全程步行，獨自走完了這條朝聖之旅。這本書便是記述她的這段旅程。除了在路上被狗仔隊追趕，被其他的朝聖者騷擾，遇到野狗群吠，蚊群轟炸，吃無味的食物，在侷促骯髒的小旅社裡盥洗過夜的現實經驗之外，莎莉也同樣得到了通靈經驗。她經歷了前世輪迴的幻覺，見到了過世的父母親，與她的守護靈做了實際的溝通，明白了她從何處來，往何處去，過去幾世身為何人，還有她現世裡人際關係的源頭。

雖然情節裡包含了性騷擾，新聞騷擾，外遇和激情邂逅，但是這依然是一本靈修書。書裡，莎莉傳遞了天上的訊息。而就像一切的傳道書籍，一些人的《聖經》，往往是另一些人的「哈利波特」，如果對 New Age 沒有信仰，這本書看來會很像是神經錯亂者的囈語。

書裡頭，莎莉不斷傳達一種論調，就是：我們的環境是由我們自己創造的，當你帶著負面情緒時，便會創造出一個與你自己對抗的負面環境，反之亦然。於是，以這種理論為基礎，莎莉在她的朝聖之旅上「創造」出了一個要求和她做愛的陌生男人（他莫名的出現後迅即消失），「創造」出了一大群突如其來的蚊子（除了她，別人都沒有看到），

「創造」出騷擾她和協助她的人，「創造」出清涼的山風和酷烈的炎熱。這一部分的書寫，其實比她的通靈經驗更為超現實。

由於背景，莎莉麥克琳談靈修，很難讓人認真看待，但是，事實上，自從八十年代「悟道」之後，她已經寫了八本類似的書籍。國內在一九八六年也出過她一本《邊緣外》。姑且不談相不相信，單看她以好萊塢巨星的身分，挾著她的國際知名度，卻在這一趟朝聖之旅中，不施胭脂，不被華服，放下身段，素樸而且堅忍的走完全程，這種身體力行，其實比她所書寫的靈修信息，給人的震動更多。如果靈修能讓人學到直視生命的本質，那麼，所見所知是不是真實，其實也就不重要了。

最高階的家庭主婦

——記《歌女皇后衛子夫》

衛子夫其人，在資料上看到的敘述只有短短三行：「漢武帝后，字子夫，衛青之姐也，初為平陽主謳者；武帝過平陽主，悅而幸之，入宮，生太子據，立為后。巫蠱事起，子夫與據共誅江充，發兵，兵敗，詔收印綬，子夫自殺，宣帝立，追謚曰思。」

而班固的《漢書》裡，就連這三行都付諸闕如。事實上，衛子夫立后三十八年，漢武帝的後宮嬪妃裡，大概「年資」還沒有比她高的。對於漢武帝這樣一個好色，自信，多變，濫情又無情的男人，衛子夫能在後宮群雌弼弼裡，穩坐皇后寶座三十八年，我的意見，絕對不只是她對武帝的深情，或武帝對她的深情可以致之。

武帝的女人，除了衛子夫，還有因為「金屋藏嬌」這句成語而留名的陳阿嬌，病重時抵死不讓漢武帝看自己臉孔的李夫人，以及兩手輕微殘障的鉤弋夫人。這幾個女人，在野史裡，知名度都超過衛子夫。但是阿嬌被廢，李夫人病亡，鉤弋夫人「有過失，受武帝責罵，便憂忿死」，真的是伴君如伴虎。做武帝身邊的女人是不容易的，但是衛子夫可以一「做」三十八年，一定有原因。

這是在看《歌女皇后衛子夫》時感到有些許失望的原因，覺得作者把其人其事寫得太過浪漫。而我另還有一個「閱讀障礙」，看到老太太衛子夫沒完沒了的舊情綿綿，兒女情長，實在是覺得畫面非常不調和。這個白髮蒼蒼的衛子夫內在裡對夫妻情愛的認知體會似乎還停留在二十來歲，讓行年也五十有多的老太太我看來非常之不能認同。

從名義上看，皇后可說是最高階的家庭主婦，但是，因為她這個家是「家天下」，所以後宮其實很可以類比現代的某些大企業，裡面的升遷、競爭、勾心鬥角，巧取豪奪，絕不比現在的大企業裡少。而由於「皇帝董事長」是唯一打考績的人，而他打分數的方式又天威莫測，所以公平性其實還不如現代的大企業。總而言之，在後宮這種「種瓜未必得瓜，種豆未必得豆」，成功和努力沒什麼必然關係的環境裡，能保有一席之地，而且多年不墜，這是了不起的女強人啊。她的識見，膽氣，智慧，器度，恐怕都有過人之處。當然「外戚」衛青和霍去病也發揮過一定的作用，但是不必然保障了衛子夫，陳阿嬌還是武帝的表妹呢，武帝說廢照廢不是嗎？

衛子夫原是武帝胞姐平陽公主家的歌妓。武帝繼位後，平陽公主養了一群歌妓。這件事想來，絕不是什麼姐弟情深，其實有權謀在內。萬一歌妓裡，有人得到武帝的寵幸，可想而知，有了「內線」的平陽公主，地位和權勢，必定也會相對提升。

有一天武帝來訪平陽公主，酒菜歌舞招待之後，武帝去上廁所，衛子夫跟進去「伺候更衣」，是這樣，才得到了武帝的臨幸。我們替她想想，若非高人授意，或者根本就是平陽公主的安排，要做出這種事，還真的要有勇氣，有膽識。

因為有了這一段，後來武帝離開的時候，平陽公主就把衛子夫送給了他。平陽公主把籌碼押在衛子夫身上，當然希望衛子夫能夠拉住武帝的心。但是入宮時的衛子夫，一來年紀輕，涉世未深；二來可能是真的浪漫純情，不明白她愛的男人是個皇帝，光有真愛，對他是不夠的。衛子夫在宮中被冷落了多年，武帝不聞不問。後來，因為宮裡女人太多，武帝要太監總管把宮裡「不中用」的女人逐出宮去。所謂的「不中用」，其實就是年老色衰，而衛子夫也名列其中。野史裡說，女人們被逐出之時，武帝看到行列裡垂淚的衛子夫，起了憐惜之心，因此又把她收回宮中。

這段看來是小說家言。我實在不相信在這群「不中用」的女人列隊出宮的時候，武帝會在一旁觀看有哪些是可以資源回收的。在衛子夫被逐和重回後宮之間，發生了什麼事情，細細搜扒，其中必然有大故事大情節。

這次衛子夫回宮，顯然有大長進，在姿色和年歲都不如當年的這時候，她卻再度得幸，並且備受武帝寵愛，之後懷孕，生子。衛子夫一共給武帝生了三女一男，最後生下的這個男孩，就是太子劉據，衛子夫也因此之故，被立為后。

關於衛子夫的膽識，我以為尚有一事可以看出，就是巫蠱案中，她和太子合謀殺江充。以當時情況看，這是唯一可以做的，只可惜兵敗，再加上武帝昏聵，相信了江充的說法，以至於她和太子一起被迫自殺。

有人說過：「閱讀的樂趣是，一本書可以帶你去找另一本書。」在看《歌女皇后衛子夫》時，我就不斷的想去找相關的書來看。於是上網去查資料，到書店找書，拉拉雜雜看了許多相干與不相干的。大約所有的歷史書都有作為「閱讀入口」的功能，《歌女皇后衛子夫》也一樣。它挑起了我對漢朝和漢武帝的興趣，而它到底是怎麼樣的一本書，其實已經完全不重要了。

介於魔與獸之間

——記《美國》

凡是看過卡夫卡的影像的人，對他那陰鬱近乎魔性的外表，一定都會留下強烈印象。他的臉瘦削，膚色偏黑，一雙眼烏黑，深邃，像某種發光體似的爍亮，尖尖的鷹勾鼻，薄嘴唇，加上一對大而外翻的招風耳，耳尖又斜而銳利，活脫脫是介於魔與獸之間的另一種生物。

再看過了《蛻變》，《流刑地》，或者《審判》之後，就會覺得，不會有更適合他的長相了。他那種鬱苦與陰暗，決計不是凡間可以造成，而是從更深沉的什麼裡出來的，而那個「什麼」，絕對是所有人的想像力或認知之外的東西。

一八八三年出生，一九二四年離世的卡夫卡，活著的這四十一年生命，彷彿只是為了創造「卡夫卡」這三個字的意義。在英語裡，「卡夫卡式的」意思是：「撲朔迷離的，夢魘般的威脅性」。連字典都已經把卡夫卡與「惡夢」劃上等號了，而《美國》這本書的書腰帶上卻說這是卡夫卡「最有趣的長篇小說」，並且有「卓別林電影般的風格」。

雖然明知道書腰帶上的是宣傳文字，明知道宣傳文字的可信度有限，但是，我依然受到吸引，想要看看一個「有趣」的卡夫卡，到底是什麼樣子。

看完全書之後，我得說，廣告到底是廣告。這本書跟「有趣」的距離差不多就跟我和卡夫卡一樣遙遠，而它與「卓別林的電影風格」唯一的相似之處是：兩者都是黑白的。但是，我也慶幸這本書一點也不有趣，卡夫卡既不是馬克吐溫，也不需要做馬克吐溫，這裡頭依然是原汁原味的卡夫卡，只是對世界多了點善意，比較來說，馬克斯・布羅德在後記裡的說法就中肯多了，他用「樂觀」和「輕鬆」來形容這部小說。

與卡夫卡所有的故事相同，書中的主角一樣是毫無預警就被丟入了陌生的命運中。《蛻變》裡的格里高・薩姆沙一天早上醒來，發現自己變成了一條大蟲；而《審判》裡的約瑟夫・K在上班之前，發現自己被法院派來的人拘捕。《美國》裡，卡爾・羅斯曼在第二行就被送上了往美國的油輪。他比前兩本書的主人翁幸運的是，雖然這不是他要的命運，但是至少他知道他為什麼在這裡。這個不滿十七歲的男孩讓女僕懷了他的孩子，所以被父母送來了美國。

據馬克斯．布羅德的說法，卡夫卡從來沒有去過美國。事實上，書裡所描寫的美國也頗片面，至少是整本書接近三百頁的敘述裡，完全沒提到任何活生生的有色人種。第八章裡，卡爾去應徵劇院的工作時用了個化名「黑人」，如果不是這樣，我幾乎也忘了美國是個黑人占了一半人口的國家。而卡夫卡在這時候才忽然來「提醒」我們，我忍不住要猜想是因為他直到這時候，才發現自己的這個疏失。

卡爾被父母送上了往紐約的班輪，在抵達時，卻因為忘記拿傘，跑到船底艙去，結果迷了路，遇到一個牢騷滿腹的火夫。火夫埋怨工頭剝削，要求卡爾陪著他去向船長告狀，而在船長室裡，卡爾巧遇了上船來找他的舅父。告狀之事就此不了了之。

舅父把卡爾帶回家，給他請了家庭教師學英語。卡爾逐漸能夠跟美國人做一般的溝通。他在家鄉練過鋼琴，因此央求舅父替他買了架鋼琴。有一天彈琴的時候，被舅父的朋友，一個美國富豪聽見了，非常賞識，因此邀請他到自己的農莊度假。舅父不願意他去，但是富豪執意要邀請，結果舅父叫卡爾自己決定。卡爾去了，發現農莊的氛圍詭異，他想回舅父家，卻收到舅父遣人送來的信，信上說：因為他答應邀請，舅父與他斷絕關係，叫卡爾不必回去了。而同時，富豪一家忽然也急著要趕他走。

卡爾發現自己陷入了奇怪的境地，於是他想：「不管是哪裡，都沒有人在等著他。所以，他就隨便選了一個方向上路了。」這之後，這個十六歲少年便開始在美國境內漂流，與陌生人共同生活，被收容，也被欺騙。

這本書未寫完，但是可以推想出卡夫卡在寫一本卡夫卡版的《頑童歷險記》，除了主角的年紀，設定的環境，另一個非常不卡夫卡的是：沒有任何人死亡。死亡幾乎是卡夫卡主角的共同命運，但是《美國》裡，儘管依舊充斥著乖訛無理的情境，所有人都活著，在欺騙，侮辱，傷害與不公平裡活著，而且安之若素。而卡夫卡的荒謬依舊，那些幸運和不幸都是突如其來就出現了，造成了主角或好或壞的結局，沒有解釋，也沒有原因。而主角只是逆來順受著，既不思考，也不反抗。

一向覺得卡夫卡的角色，「人」的成分很少，他的「人」純粹是抽象化的概念，而「美國」，在本書裡，也是個抽象化概念，可以替換成任何國家任何地名。或許有了點樂觀和輕鬆的氛圍，但是卡夫卡的命題仍舊是虛無。在對於自己的好壞生死都無動於衷的時候，生命不因之而有趣，相反的，卻無力而沉重起來。

簡單的和不簡單的

——記《遍地風流》

阿城在文章裡寫過：他讀小說，最怕文章有「腔」。就不知道他自己明不明白，他也是有「腔」的，而且還不是他自己的「腔」。

對於「腔」的特別自覺，或者就是因為隱隱知道自己也是有腔的吧。阿城的那腔，在《遍地風流》裡倒也還不明顯，在《爽》裡也不大看得見，《閒話閒說》裡似有若無，《威尼斯日記》裡就很嚴重。那就是胡蘭成腔，雖然他幾乎沒在文章裡提過胡蘭成。

他的這腔是從哪兒繞來的，研究起來，想必很有趣。

《遍地風流》，序裡看，是舊文結集，而且，照阿城的說法：「這本書翻開來，卻是三十年前的事」。這三十年來，阿城做了不少事，寫劇本啦，畫畫，照相，看雜書，拍電影，另外還聽說他有個拿手絕活，就是改裝車，水準是達到可以靠此營生的程度。

從這裡看，寫文章於阿城實在是小技，小到在他的人生中恐怕占不上十分之一的份量。阿城的「惜墨如金」，因此不能用我們這些有理想有抱負的「寫家」的觀點看，他寫的這樣少，其實只是胡蘭成的那句老話：「人要比文章更大。」到底是過日子比寫小說重要。我猜想萬一有別的什麼跟寫小說放在一起的話，阿城選了會去做的，未必是寫小說。寫作對阿城來說，應當是「餘緒」，而阿城的好和不好，其實也都是因為這樣。

我不知道別人如何，我一開始是非常不喜歡阿城的。這都因為我一開始看的是他的《威尼斯日記》。對他的「腔」簡直不能忍受，胡腔的魅絕和麗絕，是讓所有彷彿他的，都立刻成了俗物。但是這次看《遍地風流》，覺得很好。其實《遍地風流》完全不是什麼嚴重的東西，但是阿城就是輕描淡寫的時候最好。

其實從《棋王》開始，阿城寫東西的狀態就從來不是聲嘶力竭的，他總是像意思意思給你講一點，有一搭沒一搭的。聽他說完了，你會覺得後頭好像還有許多。

《遍地風流》裡一共分了四輯，我的意見：第一輯的〈遍地風流〉是最糟的，也許阿城很得意吧，否則不會拿來作書名。這個部分我覺得是逞強的文字，是告訴人家：「這種活我也會。」寫得是真好，可是一點意思也沒有。倒是後面寫文革和知青下鄉的第二、三輯，阿城筆力的舉重若輕，功夫全在這裡。我喜歡他的〈寶楞〉、〈舊書〉和〈布鞋〉。尤其〈布鞋〉。

初中一年級學生王樹林，年年由奶奶替他做布鞋。阿城花了許多篇幅描寫做布鞋是多麼費功夫花氣力的事。後來王樹林去天安門廣場和上百萬人擠著看毛主席，騷動過後，「天安門廣場遺留下近五萬雙被踩落的鞋子」。沒有比這更簡單的說明了文革的本質的文字。

阿城寫的就是這麼簡單，不簡單的是背後那些。

鋼鐵心靈

——記《中國抗日戰爭史》

《中國抗日戰爭史》乍看是一本很枯燥的書。

從書名到內容，都給人一種「又不考大學或研究所，讀它幹嘛」的感覺，但是令人萬萬想不到的是，讀下去之後，我居然被它深深吸引，一路讀來，不但是義憤填膺，並且血脈賁張，效果跟看偶像劇差不多。

當然這本書寫得完全不像偶像劇。事實上，鄭浪平文字之不帶感情，跟教科書有拼，書裡充斥的只是人名，地名，數字，年代，和事件。它也不像《被遺忘的大屠殺》或者《辛德勒名單》，或者寫印地安種族大滅絕的《魂斷傷膝澗》。

這本書裡看不到家破人亡，也看不到涕淚縱橫，看不到動人心弦的戲劇場面，也看不到血淚控訴，書裡有的只是冷靜的敘述和評論。在剛開始看的時候，這一點讓人很難進入情況，讀進去之後，這種新聞評論似的風格卻發揮了強大的說服力，使人跟著作者的想法走。

抗日戰爭 (1931–1945) 距今已超過半世紀，就歷史事件而言，五十六年似乎是一個可以開始公平論斷的距離。由於史料陸續披露，我們也許比當時的人更了解這次戰爭到底是怎麼回事。

以鄭浪平的觀點看，這是一次改變兩個國家命運的戰爭。

在戰事初起之際，「日本已經躋身為世界級的工業與軍事強國，不但擁有全球最為精銳的陸、海軍，並且國家與社會都已現代化」。而當時的中國，卻正處於分崩離析之中。自軍閥割據以來的內戰尚未結束，「國家意識極為薄弱，工業沒有基礎，政府財政運作困難，社會仍是處於封建時代的農業結構；軍隊不但裝備落後、訓練不當，更沒有保衛國家的認識與能力。」如此強弱懸殊，結果到了末後，日本戰敗，國力轉弱，而中國一掃從清末以來背負的老殘腐敗形象，與美、英、法、蘇並列世界五強。

由於抗戰的勝利之後緊接著大陸棄守與山河變色，後面的大失敗掩蓋了先前的成功，我想我們很少思考這場戰爭有多麼的了不起。鄭浪平寫了整個中國如何在戰爭的驅迫下，快速成長為現代化國家，也寫了中國人的韌性，堅毅，不退讓，不服輸。當然，他也同樣寫了各種黑暗面：列強對中國這塊土地的各自盤算，中共「三分抗日，七分壯大」的戰術主軸，還有國內政客們的內鬥與政治角力；以及讓人扼腕的各種犧牲、妥協與錯誤。

在這裡，不得不提出一個「政治不正確」的看法。

儘管蔣介石在近年來被罵得一塌糊塗，但是他絕對是百年以來空前絕後的強者，不能想像若這次戰爭是由李登輝或陳水扁來領導的後果。我而且還認為：除了他，中國史上沒有任何人能帶領我們戰勝。

在戰爭初期，蔣介石採取不抵抗主義，結果引起全國的反對聲浪，但是他仍然堅持先進行國內的統一與建設，他認為要先讓國家現代化，才有能力與日本一戰。現在看來，他這個決定完全正確。高瞻遠矚也許不難，但是「雖千萬人吾往矣」卻需要強悍的意志力。他所面對的困難與挫敗巨大的難以想像，而他居然毫無動搖的始終堅持自己的信念，禁不住讓人懷疑他的神經大概是鋼筋或塑膠做的。

回顧蔣介石的一生，民國以來，恐怕沒有人比他失敗更多，更大；但是他從來沒有放棄過。這種驚人的堅持力，別人儘可以有他的看法，但是我實在是五體投地衷心佩服。

如同鄭浪平所說，任何歷史敘述，事實上都無法超脫敘述者自身的環境、身世與觀點；因此他提供了他個人的身世背景，作為本書觀點的一種說明。我覺得這是對讀者負責的做法，希望其他寫歷史論述的作者也都能這麼做。

廣義來說，所有的歷史書，都多少是某種程度的偏見。既然讀者都是透過作者的眼睛來認識歷史，那麼，讓我們知道這對眼睛到底是從哪個角度觀看，應該有其必要，也比較誠實。

獰惡的生命力

——記《新郎》

我猜想當代華人裡，在國外的書籍競賽裡，不會有人比哈金得獎更多了，他的短篇小說集《辭海》(*Ocean of Words*)得了一九九七年「美國筆會／海明威獎」，短篇小說還分別獲得三次「小推車獎」(Pushcart Prizes)和「坎銀觀察獎」(Kenyon Review Prizes)。他的長篇小說《等待》獲得一九九九年美國「國家書卷獎」和二〇〇〇年「美國筆會／福克納小說獎」，另外《光天化日》也獲得一九九六年「奧康諾(Flannery O'Conor)短篇小說獎」。得獎簡直成了他的副業一般。而「美國筆會／福克納小說獎」顯然是最大的一個，這個獎的重要性，以及他是「第一位同時獲得這兩個獎項的中國作家」，使他在華人世界聲名大噪。也從而使哈金在被華人讀者和作者，尤其是作者們——檢驗時，產生了「毀譽交加」的現象。

看過他的得獎作品《等待》的人，一定多少都有些失望，完全看不出這本書何德何能，夠資格得到那麼重要的獎項。《等待》的故事很平常，在共產社會裡，夫妻要分居十八年才可以離婚。男主角孔林的妻子淑玉是母親要他娶的，孔林對她沒有感情，但是仍然認份的娶了她，生了孩子。他真正動感情的是跟自己一個單位的同事曼娜。為了國家的這個規定，曼娜、孔林和淑玉等了十八年，前面兩人等的是終於可以由國家判定離婚，而淑玉等的是也許孔林會終於回心轉意。

三個人就維持這種止水似的關係，維持了十八年。時間到了以後，孔林離了婚，娶了曼娜，而淑玉被動的開始過起離婚後的日子。除了孔林和曼娜終於可以做愛之外，三個人的生活其實和過去的差別不大。最後孔林和曼娜生了孩子。他偶爾回去看望前妻和女兒，在生活裡感到平靜，因為「等待」終於結束了。

我最初看《等待》，被這本書的平凡搞得不知如何是好，不能理解他在國外到底是使了什麼魔法，把那麼多外國人迷得神魂顛倒的，因此放棄去看他別的書，直到最近才又看了《光天化日》和《新郎》兩本。

這兩本都是短篇小說集，《光天化日》號稱是真實故事，而《新郎》大概多少算是創作，內容都是八十年代，或更早以前的中國，哈金在八十年代離開中國後，便沒有回去，這兩本書裡處理的應當是他三十歲以前的記憶。同樣是談文革，談「紅旗下的中國」，哈金與別的大陸作者的差異是，他完全不帶火氣。

這些年來，我們看多了文革故事和傷痕文學，如果論故事，哈金並沒有給我們新的故事，他說的都是前人說了又說的事情，悲慘的，乖違的，不合理，不公平的故事，已經有不知多少人寫過。所以，哈金在臺灣，便不免被目為一種「名過其實」的存在，一種黑魔法或其他的什麼，因為，有那麼多的比他優秀的作家，寫過那麼多深刻的，驚心動魄的故事，哈金何德何能，居然能把那麼多外國人迷得昏頭轉向的。

我在網站上看到了評論家黃燦然的說法，讓我茅塞頓開，這種說法，我還沒有聽別的人說過。黃燦然談到哈金英語書寫的一個特殊之處，是他直截了當的採取「中文直譯」的方式寫作。

我引黃文如下：

哈金是一個出色的直譯者，這種直譯的勇氣和膽色，我相信與他的詩歌語言訓練和詩人的語言直覺有關。他敢於把腐朽的中文化為神奇的英文，例如把中文「哭笑不得」譯成"Want(s) to smile and weep at the same time"，哈金把「笑」調低成「微笑」，把「哭」調低成「流淚」。或問：這種調低，不就是意譯嗎？不是的。意譯與直譯的根本差別，在於意譯是在可能接受的條件下盡量目標語化，即熟悉化；直譯則是在可能接受的條件下盡量來源語化，即陌生化。

他的調低，是在「可接受性」限制下的陌生化。再如他有一個短篇小說，標題叫做"*Winds and Clouds over a Funeral*"，直譯成中文，是「葬禮上空的風和雲」或「葬禮引起的風和雲」，回譯成中文，應是「葬禮風雲」。如果哈金以同樣的語言直覺寫中文小說，相信他一定不會用「葬禮風雲」這個老套的詞組。

在人名和地名方面，哈金也經常不採用音譯，而是直譯字面意義，讓人看得津津有味。再如，另一篇小說中，有一句"What wind brings you here"，直譯成中文，是「是什麼風把你帶來的」，回譯成中文是「是什麼風把你吹來的」。在中文裡，這「是什麼風把你吹來的」跟「××風雲」一樣，是很俗的說法，但在英文裡，卻像詩一樣。

哈金在寫小說之前，曾經寫詩，也出了兩本英語詩，我絕對相信他對語言的敏銳度，他這種「直譯中文」的英文寫法，我同意黃燦然的意見，是選擇性和自覺的，這解釋了哈金風靡外國人的原因。

平心而論，哈金寫得並不差。我個人是很喜歡哈金的。他處理故事有種特殊的沉澱的調子，沉穩而樸實，質感很好。描寫人物的能力是一等一的。他書寫下的中國，是非善非惡，充滿了獰惡的生命力。他的故事平常，但是書寫的方式，可能是因為用英文寫作，也可能是在國外待久了，不像一般的大陸作家，有切身之感；在哈金的小說裡，最最慘痛，最最邪惡的故事，不知怎麼的，都有種素樸之美，是那塊土地和那些人民的美，在煙塵裡，有時間的重量，生命的重量。

最偉大的領導

——記《僕人》

我看完這本書之後的第一個感想是：「傑克，這真是太神奇了！」之後，我馬上更衣、沐浴，決定要早起，要減肥，要運動，要垃圾分類，要注重環保，要過儉樸生活。再也不拖稿，再也不欠錢，對家人朋友要和顏悅色，售貨員找多了零錢一定還他，計程車司機帶我在路上兜圈子也要原諒他……簡而言之，我決定開始做個好人。

而且，我還決定，一定要去買它個十幾二十本來送給我身邊的每一個人。在我還來不及去書店蒐購這本書之前，因為太感動的緣故，我把我密密麻麻畫了線，折了角，並且許多頁面上還遺留我感動的涕淚的這本書，先送給我們家的「領導人」看。而天縱英明的領導人略翻五、六頁，便很睿智的說：「這有什麼稀奇？這些事我早就知道了。」

這使我開始從另一個角度來省思這本書，我是否對這本書太崇拜了？我是否太容易被說服？我是否太愚蠢、太單純、太沒主見、看的東西太少，閱歷不夠，要不然，為什麼這樣一本充滿老生常談的書，居然會把我感動成這樣！

本書有個簡單到不成故事的故事。男主角約翰多年來常常在做一個惡夢，當他在夢裡陷入危境時，總有個老人會出現，大聲喝叱他：「去找西面！去接受他的教誨！」另外，「西面」這兩個字還不止出現在夢裡，約翰凡遇到人生的關鍵時刻，都會碰到跟「西面」這個名字有關的事。最近幾年，約翰在事業和生活上都遇到了危機，於是他決定找個地方去「靜思」一下。他去到了一家修道院，而他的靈修導師，正是「西面修士」。

全書在這裡從靈異故事轉成了勵志課程。

在修道院的一週中，西面修士每天會開導與會者一個關於「領導管理」的觀念。七天傳授了七種觀念，最後所有人都像我一樣的涕泗橫流，覺得心靈被滌清了，開始決心從此要做一個好人。

書名《僕人》的意義是從西面修士的一個觀念來的。他認為：最偉大的領導其實便是侍奉，犧牲和給予。如果能像僕人一樣全心伺候「被領導者」（在職場是員工，在家庭是配偶和子女），關心他們所需要的，解決他們的困難，竭力達成他們的要求，這種「服務式的領導」，其實是最有效率的。

書裡闡述的道理，很特別的是，竟跟中國的古老世俗智慧相通。類如西面修士非常注重人際關係和諧，他認為與身邊的人保持良好關係，做事能事半功倍。老祖宗常說的「做人」，其實也就是這麼回事。「做人」做不好，其實也就很難把事情做得好。另外他重新定義了基督教義裡，耶穌所說的「愛」。耶穌那句：「要愛你的敵人」，多年來被當作這個老邁宗教食古不化的代表。但是西面修士說，《新約聖經》當年是以希臘文寫的。經書裡所指的「愛」是動詞，不是感覺情緒，而是指行為。所以「愛你的敵人」，真正的意義是：「要用合理的行為去對待敵人。」這其實就是教養。人的教養不是顯現在別人如何對待他，而是顯現在他如何對待別人。我們不必要強迫自己對我們不喜歡的人產生愛意，但是，我們至少可以持平，有教養的對待他。

另外對「寬恕」，西面的說法也很好，「寬恕不是假裝沒有人對不起你，也不是對問題視若無睹。」寬恕是像孔夫子說的：「以直報之」，該恨就恨，該罰就罰，但是事情完了，就要讓它過去，不要把怨恨存在心裡。

這是一本講企業管理的書，但是我越看越覺得它所說的觸及了普遍的人性，所有的領導法則，不僅適用於職場，適用於家庭，適用於社會，也適用於個人。這套「僕人」法則，可以用來帶領下屬，用來跟家人朋友溝通，用來與陌生人相處，用來談戀愛，用來改善婚姻關係，還可以用來改造自己，簡直，簡直的……無孔不入。大約人一輩子有這樣一本書就夠了。如果真能把書裡面教的事都學會做到，不敢說能有什麼了不起的成就，身心平衡愉快，不害人不害己大概是可以保證的。

我是看日曆上的每日一句都會想立志的人，所以這本書這麼樣感動我，可能只是「體質」的關係。《僕人》給了我樂觀的想像，相信在這個世界上，侍奉，犧牲和給予，就可以解決一切。光是看到西面修士對於一切難題都有答案，就令人欣喜若狂。至於「九一一」事件，為什麼布希不能用「僕人」法則來解決問題，我也樂觀的相信：作者的下一本書一定可以告訴我們答案。

常識不一定是通識

——記《常識與通識》

阿城的《常識與通識》，使我想起張愛玲的〈談看書〉。會聯想在一塊，不是因為兩者很像，倒是因為兩者很不像。

忘了是在哪裡看到的句子，說：「閱讀是跟性行為一樣私密的事情。」閱讀之所以私密，不在我們所閱讀的對象，而是我們閱讀的方式其實透露了我們自己。用這個觀點看，書評可以跟那本書一點關係也沒有，所以「讀後感」其實沒有多大的意義，因為你的閱讀並不能等同他的閱讀，他看到了什麼東西，完全不能保證你也會看到，雖然明明白白你們在看同樣的一個東西。

所以張愛玲的「看書」和阿城就完全是兩回事。張愛玲的看書，書是書，她是她自己。書攤在她面前，是一個廣大的人世。《張看》裡頭，張愛玲看到的《凱恩艦叛變記》，看到的綠矮人傳說，看到的《閱微草堂筆記》裡的鬼，都是人間，她對這些書的興味，對書裡頭的述寫的興味，是像穿衣吃飯，禮尚往來，只是人情世故。百年的紅學考據，學者們在字句與段落間爬梳，比較版本與脂批的差別，而張愛玲讀《紅樓夢》，卻只是還原出一個寫故事的人，和被寫的。從改寫的，和刪除的部分，還原出性情，還原出委屈，還原出欲蓋，也還原出彌彰，還原出人生的一切無可奈何。張愛玲的〈談看書〉好看，是好看在她藉著看書這回事，透露了她自己的千嬌百媚。張愛玲這個人的「有意思」，所有的張迷都懂，原不必我多說。

但是這也不是說阿城沒有意思。從唐諾的導讀或傳聞裡，阿城好像也是個挺有意思的人，但是想來他對他自己的有趣是不大自在的。《常識與通識》裡有種小心翼翼的味道，這種謹慎小心，使得閱讀者與他有隔。不論阿城自己在閱讀他所談論的這些書籍或現象時是不是愉快，我閱讀《常識與通識》，只覺得麻木吃力。如果想認識阿城，我絕不推薦你先從這本看起。

阿城目前在臺灣出的隨筆書有四本，分別是《威尼斯日記》、《閒話閒說》、《遍地風流》和這本《常識與通識》。比較起來，《威尼斯日記》寫的最鬆散，但是看多了阿城，倒是覺得他鬆散時最好，《常識與通識》寫的太緊，簡直的不讓一點廢話進來。我也仿阿城自己的體例，抄他自己一段文字大家看看：

> 在這個邊緣系統最前端的腦隔區，是「快感中樞」。經典的性高潮，是生殖器神經末梢將所受的刺激，經由脊髓傳到腦隔區，累積到一個程度，腦隔區的神經細胞就開始放電，於是人才會有性高潮體驗。不過，腦神經生理學家用微電流刺激腦隔區，或者將劑量精確的乙醯膽鹼直接輸入到腦隔區，腦隔區的神經細胞也能放電，同樣能使人產生性高潮體驗。這證明了性高潮是腦的事，可以與我們的生殖器神經末梢無關。（愛情與化學）

我猜想醫學院的教科書大概也八九不離十吧。把人類的性高潮，寫得如此的性冷感，若拿來和國內某位激進性學者熱情洋溢的論述相比，真不知哪一種比較困難些。

從《常識與通識》看阿城，我覺得他有種知識人的盲從，對白紙黑字執念太深。他大篇大篇的引用所閱讀的文字，生吞活剝的狀態讓人昏昏欲睡。而我讀到〈攻擊與人性〉

三篇，簡直是詫笑。〈攻擊與人性〉裡談論的是行為學者康拉德・勞倫茲（Kanrad lorenz）的書《攻擊與人性》（*On Aggression*）。勞倫茲從「對魚和鳥的觀察和實驗中，證明攻擊是生物進化的原始動力。也就是同類相斥的原則。」

阿城用大量篇幅引用了勞倫茲觀察魚缸裡的魚彼此攻擊的描述，我因為有過養魚的經驗，看到這部分的描寫，幾幾乎要懷疑起勞倫茲的專業性，因為他的敘述與我的經驗完全不符。那段魚類自相殘殺的述寫因此變成了——在我看——像是寓言或神話的東西，象徵性似乎超過真實。阿城一口氣寫了三篇談論這本書，旁徵博引，顯然完全被勞倫茲所說服。我後來想到，這便是阿城的人生，阿城的世界。這也就是《遍地風流》裡的世界。

經歷過文化大革命，經歷過「攻擊」與「人性」以等號連接的鬥爭社會，阿城對這本書的驚豔之感我完全可以理解。但是，仍然不代表我對《攻擊與人性》能有任何的感同身受。所以，又回到了我前頭的結論，「書評」這玩意真是沒什麼意義，我既不曾從阿城的書裡了解勞倫茲（以及別人），你們也不能從我的文章裡了解阿城。

232

懷沙集

止庵 著

「樹欲靜而風不止，子欲養而親不待」作者將對逝去父親的感念輯成本書。其間除了父親晚年兩人對談的點滴外，亦不乏從日常不經意處，挖掘出文學、生活的真諦。作者樸實的文筆，在現代注重藻飾的文壇中像嚼蘿蔔，別有一股自然的餘味。

236

文學的現代記憶

張新穎 著

五〇年代的臺港兩地，在自由風氣的帶動下，中外文學相互影響，激起了一連串美麗的浪花；或許你我置身其中，而無法全然地欣賞到這場美景，亦或未能躬逢這場盛宴，作者以局外人的角度，用精鍊的筆法為文十篇，細數這場文學史的發展。

239

一個人的城市

黃中俊 著

重慶的山水、上海的學府、北京的藝室、深圳的商海……作者清雅的文字，記載生活脈絡裡的悲喜哀樂，其中又埋藏著時代進步的兩難，讓人耳目一新。在個人的愁緒裡瀰漫著文化變遷的滄桑感，讀這樣的書寫，彷彿能聞到人生跋涉的新泥芳香……

240

詩來詩往

向明 著

逐著詩人的腳步，涵泳沉籍於文學溫厚勃鬱、神氣騰揚的繽紛世界中。軼事掌故精采而韻味無窮；文學批評深刻真摯而不尖削；作品剖析使人縱情浪漫綺想中幾欲漫滅……在古典與現代、東方與西方、批評及作品間交顯的文學，本書讓您一網打盡。

242

孤島張愛玲

蘇偉貞 著

張愛玲整個的生命就是從一座孤島到另一座孤島的漂流。在上海到美國之間，張愛玲在香港這座孤島的創作，承續了大陸時期最鼎盛的創作力道，是轉型到美國時期的過渡階段。藉由作者鍥而不捨的追索，為您剖析張愛玲這段時期小說的意涵及影響。

243

何其平凡

何　凡　著

還記得那段玻璃墊上的日子嗎？在聯合報連續撰寫專欄逾三十年，當代臺灣最資深的專欄作家——何凡，以九十一歲的高齡，將這十年間陸續發表的文章集結成這本書。謙虛的他取其筆名的寓意，將這本小書命名為「何其平凡」，獻給品味不凡的——您。

246

史記的人物世界

林聰舜　著

兩千年前，司馬遷以絕妙的文才將人物的個別性典型化，同時在《史記》中蘊含許多別具創見的思想。今天，本書運用簡鍊的文字，重新演繹司馬遷筆下的人物，深入探究其文字下所寓含的真義，揭開《史記》的面紗，將帶我們一窺《史記》人物世界的堂奧。

247

美女大國

鄭寶娟　著

「美女本身就是個族裔，不管她來自哪個民族、哪個國家、哪個文化，美女這個族裔是獨立存在的，她們之間共有一套行為語碼……」一向冷眼觀察事物的鄭寶娟，這次將焦點放到「美女」上，有了如此的陳述，您還想知道更多知性的她對美女的更多看法嗎？

248

南十字星下的月色

張至璋 著

兩百多年前，英國人靠著南十字星的指引，來到澳洲這個最古老的大陸。兩百年後，華人從世界各地，移居到這個心目中的天堂。張至璋善於觀察人間世相，發現每個移民背後都有一根針！並以此為背景，為讀者道出移民背後的辛酸與省思！

249

尋求飛翔的本質

孟昌明 著

因為莫札特，我們得以聆聽天籟；因為梵谷，我們才能在星夜與麥田間感受生命。孟昌明以一個藝術學子的真誠，將鍾愛的藝術帶下神壇，拂去塵埃，還給讀者，還給生活。只因真正偉大的藝術家，不但是天上的星辰，自然的驕子，更應該是你我的朋友。

250

紅紗燈

琦君 著

在琦君的記憶中，懸掛著一盞外祖父親手為她糊的紅紗燈。無論哀傷或歡樂，似乎化在一片溫馨的燈暈裡，如今更轉作力量，給予她無限的信心與毅力。因為這紮紮實實的希望，引領著她邁步向前。敬邀同樣無法忘情舊事的你，一同進入搖曳燈的燈暈之下。

251

裂變

彭道誠 著

什麼年代了還有人寫章回小說？是的，繼《人禍》之後，著名的大陸劇作家彭道誠先生，接續前次未講完的太平天國故事，再度展現其說書人的本領，將故事的主線，浮動在歷史與小說之際，遊戲於寫實與迷幻之間，賦予章回小說新的魅力，推薦給愛看故事的您。

252
靜寂與哀愁
陳景容 著

去過國家音樂廳嗎？您可曾注意到大廳裡那幅臺灣少見的大型濕壁畫？畫家陳景容為您細數過去重要作品的點點滴滴，不論是前述的濕壁畫、門諾醫院的嵌畫或是平日創作的版畫、油畫、彩瓷畫等，彷彿讓您親臨創作現場，一同見證藝術的誕生。

253
與書同在
韓 秀 著

臺灣一年有多少本書面世呢？三——〇〇〇〇以上，沒錯！四個零。面對書山書海，您是否有不知該如何選書的困擾？與書生活在一起的作家韓秀，提供給愛書朋友們一份私房閱讀書單，帶領讀者超越時空的藩籬，進入書的世界裡。

255
食字癖者的札記
袁瓊瓊 著

當您闔上這本書前，眼角餘光還會掃到這一小塊文字，恭喜！您罹患了一種精神官能症——「食字癖」。發作初期會對文學莫名其妙地熱中，到了末期，則有不讀書會死的焦慮。此病無藥可醫，只能以無止盡的閱讀緩解症狀。這本書提供末期的您，啃食。

256
扛一棵樹回家
洪淑苓 著

扛一棵樹回家，樹上掛滿溫馨、真情流露的細細呵護。品味洪淑苓的散文，總讓心裡不自覺泛起美好的漣漪，童年、親情、愛情與生活點滴在她筆下靈思妙舞，宛若一幕幕饒富意涵的風景翩然迎來，動人心懷。

257
時還讀我書
孫震 著

「他鄉生白髮，舊國見青山」，所見的不只是天地悠悠，更有生命的尋思與豁然。本書是作者在經濟學專論之外少見的散文選輯，談人生點滴，敘還鄉情怯，言師友交誼，以鬓上青春的墨色，留下扉間歲月的字跡。

258
私閱讀
蘇偉貞 著

私之閱讀，閱讀之思。寫書、讀書、評書，與書生活在一起的「讀書人」——蘇偉貞，以獨特的觀點，在茫茫書海中取一瓢飲，提供您私房「讀」品，帶您窺伺文字與靈思的私密花園。

260
臺灣現代詩筆記
張默 著

詩者，思也。詩之筆記，討論的是與詩有關的思想，記述的是與詩伴生的思緒。作者為當代臺灣詩壇巨擘，寫詩、論詩、評詩自有大家風範，尤其書中詳實的史料與中肯的析論，更是研究臺灣現代詩者不可或缺的參考。

263
在心集
彭歌 著

人生波動、國家治亂、世界安危，總其根源，都在人心。王勃有謂：「老當益壯，寧移白首之心，窮且益堅，不墜青雲之志。」正是懷著這種純情丹心，作者細緻地寫下了心中的點滴，有文學評析、歷史反省，更有人物介紹及思想的澄清，足是一本用心之作。

國家圖書館出版品預行編目資料

食字癖者的札記／袁瓊瓊著.－－初版一刷.－－臺北市；三民，2003
面； 公分－－(三民叢刊. 256)
ISBN 957-14-3704-2 (平裝)

1. 書評

011.69 92000335

網路書店位址 http://www.sanmin.com.tw

著作人 袁瓊瓊
發行人 劉振強
著作財產權人 三民書局股份有限公司
臺北市復興北路386號
發行所 三民書局股份有限公司
地址／臺北市復興北路386號
電話／(02)25006600
郵撥／0009998-5
印刷所 三民書局股份有限公司
門市部 復北店／臺北市復興北路386號
重南店／臺北市重慶南路一段61號
初版一刷 2003年2月
編 號 S 81108
基本定價 參 元
行政院新聞局登記證局版臺業字第〇二〇〇號

ISBN 957-14-3704-2 (平裝)